처음 시작하는 이에게

시 읽는 CEO

시에서 배우는 24가지 자기창조의 지혜

고두현 지음

처음 시작하는 이에게

21세기북스

당신의 눈망울 속에 나를 담아주세요

당신의 눈망울 속에 나를 담아주세요

그 눈망울 속에서 살 수 있도록

어쩔 수 없더라도 그 눈 깜빡이지 마세요

당신에게 담겨 있는 나를 떨어뜨리지 마세요

슬프더라도 눈물 흘리지 마세요

그 눈물이 홍수되어 쏟아지면 나도 함께 쓸려가 버리니까요.

* 두바이의 국가 최고경영자(CEO) 셰이크 모하메드가 쓴 시.
사막에 스키장을 만들고 세계에서 가장 고급스런 호텔을 돛단배 모양으로
설계한 것도 이런 시적 상상력 덕분이었다.

시인의 영감과 아이디어의 보물창고

스티브 잡스가 시에서 영감을 얻었다는 일화는 자주 인용하면서, 정작 그가 어떤 시를 읽었는지 아는 사람은 많지 않다. 잡스는 생각이 막힐 때마다 혼자 '비밀 서재'로 갔다. 그곳에서 18세기 낭만주의 시인 윌리엄 블레이크의 시집을 펼쳤다. 전에도 읽고 또 읽었던 그 시집의 한 구절에서 그는 새로운 아이디어를 얻곤 했다.

한 알의 모래에서 세계를 보고
한 송이 들꽃에서 천국을 본다.
그대 손바닥 안에 무한을 쥐고
찰나의 순간에서 영원을 보라.

윌리엄 블레이크의 시 「순수를 꿈꾸며」 첫 부분이다. 미세한 '모래'와 거대한 '세계', 땅 위의 '들꽃'과 하늘 너머의 '천국', 찰나의 '순간'과 무한한 '영원'이 절묘하게 대비돼 있다.

그의 시에서 잡스는 많은 것을 느꼈다. 작은 것과 큰 것, 없는 것과 있는 것의 시적 은유를 '0'과 '1'이라는 디지털 언어와 접목시키기도 했다.

두 사람은 닮은 점도 많다. 둘 다 성격이 별난 데다 학교도 중도에 그만뒀고, 자연과 자유를 사랑했으며, 그림과 명상을 좋아했다. 간결하고 상징적인 어휘의 공감대까지 갖췄다.

200년 시차를 초월한 시적 교감에서 잡스의 인문학적 사고가 꽃피었다. 아이폰의 모서리를 사각으로 할까, 둥글게 할까를 고민할 때도 그는 블레이크의 시를 읽고 영감을 얻었다고 한다.

"애플은 언제나 인문학과 기술의 교차로에 존재해왔습니다. 우리가 아이패드를 만든 것도 항상 기술과 인문학의 갈림길에서 고민해온 덕분이지요. 그동안 사람들은 기술을 따라잡으려 애썼지만 사실은 반대로 기술이 사람을 찾아와야 합니다."

이런 배경을 알고 나면 아이패드를 처음 선보이면서 한 잡스의 말에 고개가 끄덕여진다.

세계적인 음향기기회사 하먼 인더스트리를 설립한 시드니 하먼은 셰익스피어의 광팬이었다. 그는 자신을 '경영하는 시인'으로 불러달라고 했다. 오랫동안 '시인 경영자'를 구하기 위해 헤매다 스스로 '시인의 마음'을 갖고 경영하자며 직원들에게 부탁했다.

"시인들은 우리가 꿈꾸는 '시스템'을 생각해낸 원초적인 사상가입니다. 그들은 우리가 처한 복잡한 환경들을 이해하기 쉽게 바꾸고, 은유와 상징을 매개로 해결책까지 제시합니다."

2011년 92세로 세상을 떠난 그는 시적인 감수성과 시인의 경영 마인드로 전 세계 사운드시스템 업계의 대부가 될 수 있었다.

두바이의 국가지도자 셰이크 모하메드는 유명한 시인이다. 그는 열사(熱砂)의 땅에 스키장을 만들고 세계지도를 닮은 인공섬을 건설하는 등의 에너지를 시적 상상력에서 얻었다고 한다. 직접 쓴 시가 100편이 넘는다. 그래서 "내 심장을 울리는 것이야말로 국민의 심장을 울리는 것"이라는 표현도 남달리 호소력 있게 다가온다. 그가 최고경영자(CEO·Chief Executive Officer)를 넘어 최고상상책임자(CIO·Chief Imagination Officer)라는 소리를 듣는 이유도 여기에 있다.

이처럼 뛰어난 경영자들은 시에서 특별한 '생각의 창'을 발견한다. 처음에는 기업 경영에 곧바로 활용할 요소를 찾으려고 시에 관심을 가졌다가, 점차 시의 매력에 빠져들면서 새로운 '감각의 문'이 하나씩 열리는 걸 경험하고, 비로소 남들과 다른 변별력을 가질 수 있었다고 말한다.

예전 책『시 읽는 CEO』의 뼈대에 새로운 시와 이야기를 더하고, 성글었던 부분을 다듬어서『시 읽는 CEO, 처음 시작하는 이에게』라는 제목으로 세상에 다시 내보낸다. 전작에서 강조했듯이 시는 냉혹한 비즈니스 현장에서도 부드럽고 따뜻한 공감의 꽃을 피워올린다. 가장 짧은 문장으로 가장 긴 여운을 주는 문학의 정수! 시에서 얻는 지혜와 창의적인 생각의 힘, 그 보이지 않는 무형자산이 우리를 키우는 자양분이다.

첫걸음부터 흔들리는 신입사원들에게 가끔「처음 출근하는 이에게」라는 시를 읽어준다. '창의력은 창가에서 나온다'는 구절을 읊을 때면 모두들 눈빛이 달라진다. 얼굴빛도 환해진다. 그 새내기들이 몇 년 후, 두려움에 머뭇거리는 후배의 어깨를 토닥이며「실패할 수 있는 용기」를 읽어주는 선배로 자라난다. 그런 모습을 볼 때 내 마음은 한없이 뜨거워진다.

2016년 여름

고 두 현

차례

두 번째 자기창조　정원을 원한다면 허리를 굽혀 땅을 파라

세 번째 자기창조 시간을 다스리는 사람이 세상을 지배한다

네 번째 자기창조   나쁜 날씨란 없다, 다른 날씨가 있을 뿐

생각은 햄릿처럼,
행동은 돈키호테처럼

무슨 일 있어도 기죽지 말그래이 _**격려**

천 그루 숲도 도토리 한 알에서 시작된다 _**디테일**

성찰의 깊이가 인생을 결정한다 _**인격**

청춘이란 마음가짐을 뜻하나니 _**열정**

세상을 보는 안목 _**배움**

미쳐야 도달한다 _**최선**

격려

무슨 일 있어도
기죽지 말그래이

우리는 늘 격려를 필요로 하는 '결핍'의 주인이자
누군가에게 격려를 해줄 수 있는 '배려'의 친구이다.

하석근 아저씨

참말로
아무 일 없다는 듯
이제 그만 올라가 보자고
이십 리 학교 길 달려오는 동안 다 흘리고 왔는지
그 말만 하고 앞장서 걷던 하석근 아저씨.

금산 입구에 접어들어서야
말이 귀에 들어왔습니다
너 아부지가 돌아가셨……

그날 밤
너럭바위 끝으로
무뚝뚝하게 불러내서는
앞으로 아부지 안 계신다고 절대
기죽으면 안 된대이, 다짐받던

그때 이후
살면서 기죽은 적 없었지요.

딱 한 번, 알콩으로 꿩 잡은 죄 때문에
두 살배기 딸 먼저 잃은 아저씨
돌덩이 같은
눈물 앞에서만 빼면 말이에요.

그날 이후.

—고두현

중학교에 들어간 첫해 여름이었다. 그 시절 우리 가족은 남해 금산의 절집에 얹혀살고 있었다. 그 절에는 땔감 할 나무를 베고 궂은일을 도맡아 하는 하석근이라는 처사가 있었다.

어느 날, 하씨 아저씨가 학교로 찾아왔다.

"……너그 아부지가…… 돌아가셨……."

금산 입구에 도착할 때까지만 해도 실감이 나지 않았다. 그러나 산길을 오르는 동안 차츰 눈앞이 흐려졌다. 발이 돌부리에 채이고도 아픈 것을 몰랐다. 발자국 소리에 산꿩이 놀라서 푸드득거리는 소리도 들리지 않았다.

나는 초등학교 때부터 산에서 자랐다. '집도 절도 없이' 지내던 시절이었다. 그래서 아버지의 부재가 매우 슬프고 두려웠다.

가끔 적막한 산이 싫었다. 오밀조밀 모여 앉은 세속 동네의 단란한 모습이 부러워 일부러 끼니때가 되도록 친구 집에 눌러

앉아 있곤 했다. 그러다가 저녁 무렵이 되면 김이 모락모락 나는 고기국밥을 얻어먹곤 했던 터라, 아버지의 부음은 내 어린 마음을 더욱 혼란스럽고 아리게 했다.

그날 밤 늦게 하씨 아저씨가 나를 밖으로 불러냈다. 그러고는 감나무 옆에 있는 널찍한 바위에 앉아 손마디만 뚝뚝 꺾다가 한참 뒤에야 말을 꺼냈다.

"그때 난 니보다 더 어렸는데, 아부지가 돌아가신 뒤로 한 번도 기를 못 펴고 살았다. '애비 없는 자식' 소리를 들을까 늘 마음을 졸였지. 니는 절대로 그러지 마라. 평생 무슨 일이 있어도…… 기죽으면 안 된대이."

그날 밤 아저씨가 해준 한마디는, 이후로 아버지의 존재 자체만큼이나 큰 무게로 다가왔다. 불콰해진 얼굴로 다독거려주던 그 더벅손도 잊을 수 없다. 아버지를 학교 뒷산 공원묘지에 묻고 돌아온 날 밤, 아저씨는 내 어깨에 손을 얹고 다시 한번 힘주어 말했다.

"절대 기죽지 말그래이."

힘들거나 예기치 않은 난관에 빠질 때마다 그때 그 손을 생각한다. 그는 나에게 힘들고 지칠 때마다 기죽지 않고 꿋꿋이 살아갈 수 있는 힘을 주었다. 뿐만 아니라 고통에 빠졌을 때 아픔을 나누며 함께 눈물 흘릴 수 있는 마음까지 가르쳐 주었다. 그로부터 20여 년이 지난 어느 날, 문득 내 삶이 그의 삶과 얼마나 겹쳐져 있는지 깨닫게 되었다. 그때 그 말 한마디가 내 일상생활의 뿌리가 되었고, 나중에는 「하석근 아저씨」라는 시까지 낳게 해주었다.

그는 학벌도 경력도 재산도 없는 산골 처사였지만, 슬픔의 밑바닥을 토닥이며 뜨거운 심장으로 나를 일으켜준 '격려의 멘토'였다. 지금껏 나는 그만큼 가슴에 남는 격려를 받아본 적이 없다.

심장의 뿌리를 덥혀주는 것

'격려(encouragement)'라는 말은 라틴어 '심장(cor)'에서 나왔다. 문자 그대로 해석하면 '심장을 준다'는 것, 즉 뜨거운 심장을 주듯 마음의 뿌리를 덥혀주는 것이 바로 격려다. '용기(courage)'라는 말도 같은 어원에서 나왔다니 참으로 의미심장하다.

『격려의 힘』이라는 책에 등장하는 사업가 돈 베넷은 한쪽 다리를 잃고도 목발에 의지해 해발 4,392미터의 레이니어 산을 탔다. 가장 큰 고비는 빙원을 건너는 순간이었다. 일반 등반가들은 양쪽 발에 아이젠을 쓰면 되지만, 그는 발이 하나밖에 없었다. 방법은 하나였다. 자기 몸을 얼음 위로 넘어뜨린 다음 최대한 끌어당겨 전진하는 것이었다. 그렇게 한 걸음 나아간 뒤 또다시 일어서고, 또다시 넘어져야 했다. 말 그대로 그 넓디넓은 빙원을 온몸으로 건너야 했다.

이 특별한 등반에 함께한 사람이 있었다. 바로 그의 딸 캐시였다. 캐시는 팀 리더가 얼음에 구멍을 뚫어 베넷이 눈 위로 넘어질 수 있도록 하는 네 시간의 사투 내내, 아버지의 곁을 지켰다. 그리고 그가 눈 위로 넘어질 때마다 이렇게 소리쳤다.

"할 수 있어요, 아빠. 이 세상에서 가장 훌륭한 아빠, 아빠는 할 수 있어요!"

베넷은 딸의 목소리에 힘을 얻었고 사력을 다해 몸을 끌어당겼다. 그리고 눈물겨운 노력 끝에 드디어 정상을 밟았다. 캐시의 믿음과 격려가 그의 가슴에 결의와 용기를 북돋운 것이다.

격려는 소통의 통로다

격려는 특수한 상황에서만 필요한 것이 아니다. 때로 동료나 부하들을 감동시키는 '격려의 힘'이야말로 깊고 깊은 인간관계의 원동력이라는 사실을 눈으로 확인하곤 한다. 가족 관계에서도 직장에서도 마찬가지다. 격려의 마력은 혼자만의 세계가 아닌, 더불어 사는 공동체의 영역에서 더욱 빛난다. 이제 사회생활을 시작하는 젊은이들이나, 제법 노련해진 사회인이나, 중년 고개를 넘어 인생의 변곡점을 맞은 이들 모두에게 그럴 것이다. 힘들어하는 사람들에게 진심 어린 격려의 말을 건네보라.

"지금도 잘하고 있어. 자넨 우리의 희망이잖나!"

뭘 해야 할지 몰라 쩔쩔매는 신입사원에게 후원하는 셈치고 따뜻한 한마디를 던져보라. 미처 생각지 못한 엄청난 결과들이 나타날 것이다. 가정에서도 그렇다. "당신이 있어서 난 참 좋은 인생을 살고 있다고!" 이 한마디에 아내와 남편 모두 엔도르핀이 쭉쭉 솟아난다.

살다 보면 처음에는 '눈치'도 보다가, 점차 자기 내부의 시각으로 바깥세상을 재단하게 된다. 이럴 때 우리는 이분법적인 흑

백논리에 사로잡히게 된다. 나이가 들면서 가장 서러운 것이 이처럼 시야가 좁아진다는 것이다. 그런데 그 닫힌 벽에 창을 내고 소통의 문을 만들어주는 통로가 있다. 바로 '대화'이며, 그중에서도 가장 큰 통로가 '격려'다.

격려의 힘은 시소와 닮았다. 받을 때와 줄 때 시소의 높낮이가 달라지듯이, 인간관계도 서로의 균형을 잡아주고 함께 갈 때 아름다운 힘이 솟는다.

사실 우리는 늘 격려를 필요로 하는 '결핍'의 주인이자, 누군가에게 격려를 해줄 수 있는 '배려'의 친구이다.

디테일

천 그루 숲도
도토리 한 알에서 시작된다

자세히 보아야 예쁜 줄 안다.

그렇게 자세히 '오래' 보아야 사랑스럽다.

그런 꽃이 바로 '너'다.

풀꽃 · 1

자세히 보아야
예쁘다

오래 보아야
사랑스럽다

너도 그렇다.

—나태주

'디테일 경영'의 대가인 왕중추(汪中求) 중국 칭화대 명예교수를 몇 년 전 서울에서 처음 만났다. 강연을 하러 한국에 온 그와 인터뷰 후 함께 저녁을 먹는 자리였다. 그는 말수가 적고 술도 즐기지 않았다. 고만고만한 대화가 밍밍하게 이어졌다.

『디테일의 힘』 판매 부수가 천만 부를 넘고, 강연료도 어마어마한 초특급 베스트셀러 저자라고 하기엔 뭔가 미적지근했다. 그런데 아주 작은 대목에서 그가 반색했다. 무슨 말끝에 "여산의 참모습 알 수 없는 것은 / 이 몸이 산 속에 있기 때문이라네"라는 소동파의 시 한 구절을 인용했더니 자기 고향이 여산이라며 아주 반가워했다. 한번 말이 트이니 일사천리였다. 동갑내기인 우린 그날 밤 친구가 됐다.

이듬해에는 중국 상하이에서 만났다. 상하이교통대(上海交通大)에서 함께 릴레이 강연을 마치고 식당에 갔는데, 앉자마자 그가 '원 샷'을 권했다. 빈속이라 손사래를 쳤더니 "첫 잔은 우리 인연이 잘 풀리도록, 마지막 잔은 참 만족스러웠다는 뜻으로!"라며 먼저 비웠다.

그날 마지막 잔까지 쫙 비운 그가 "사실은 담낭을 절제해서 술을 못 마시는데, 오늘 특별한 날을 위해 조금씩 몸을 만들어 왔다"고 털어놨다. 온몸으로 보여준 디테일의 배려에 감동이 밀려왔다.

이런 게 '천만 부 작가'의 힘일까. 그는 요즘도 "작은 일에 최선을 다하고 섬세해야 큰일도 대담하게 이룰 수 있다"고 역설한다. 그가 경영난에 빠진 한 회사의 최고경영자를 맡아 1년여 만에 연매출을 23퍼센트나 늘린 비결도 "큰 것보다 작고 섬세한 요소들을 먼저 챙긴 것"이라고 한다.

쌀가게 점원에서 최고 갑부가 된 비결

세상일이 다 그렇다. 작은 것이 큰 것을 좌우하는 경우는 수없이 많다. 어떤 사람은 입사시험에서 최고의 성적을 거두고도 구겨진 이력서 때문에 낙방했다. 아주 사소한 것 같지만, 이력서 하나도 제대로 관리하지 못하는 사람에게 일을 맡길 수는 없다는 게 낙방 이유였다.

우리 인생에서 미묘한 차이가 성공과 실패를 가르는 걸 자주 본다. 기업 경영도 마찬가지다. 유명 브랜드 폴로의 경우 바느질을 할 때 1인치에 반드시 여덟 땀을 떠야 한다는 규정이 있다. 이런 세심함이 수십 년 동안 주도권을 쥐게 한 비결이다. 반면에 세계적인 통신사 에릭슨은 'T28'이라는 제품에서 발견된 작은 문제점을 외면하다가 시장에서 도태되고 말았다. 쌀가게 점원에서 대만 제일의 갑부로 성공한 사람의 이야기를 보자.

가난한 집에서 태어나 남의 쌀가게에서 허드렛일을 하며 어린 시절을 보낸 왕융칭(王永慶)은 16세 때 자신의 가게를 열었다. 그곳에는 이미 30여 개의 쌀가게가 있어서 살아남기가 버거웠다. 고전하던 그는 쌀의 품질과 서비스를 높이는 방법을 찾아나섰다. 그때만 해도 추수한 벼를 길에서 말렸기 때문에 잔돌이 섞여 밥을 할 때마다 쌀을 일어 돌을 골라야 했다. 그는 동생들을 동원해 돌을 골라낸 뒤 팔았다. 이 차별화 전략은 성공했다.
그는 곧 배달 서비스를 시작했고, 각각의 집의 쌀독 크기와 식구 수를 파악했다가 쌀이 떨어질 때쯤 미리 갖다 줬다. 특히 쌀독에 남은 쌀을 다 퍼낸 뒤 새 쌀을 붓고 그 위에 남은 쌀을 부어줬다. 묵은 쌀의 변질을 막기 위함이었다. 이처럼 작고 섬세한 배려 덕분에 그는 마침내 최고의 부자가 됐다.

왕중추 교수는 베스트셀러 『디테일의 힘』에서 이런 사례와 함께 '100-1=0, 100+1=200 공식'을 일러준다. 1퍼센트가 부족해 '0'이 될 수도 있고, 1퍼센트의 정성으로 '200'이 될 수도 있다는 것이다. 쌀장수 왕용칭은 '100+1=200'의 경우다.

반면 '100-1=0'의 예도 많다. 중국의 한 냉동새우 판매 회사는 유럽에 1,000톤의 새우를 수출했다가 0.2g의 항생물질이 발견돼 손해배상을 했다. 50억분의 1 때문에 치명타를 입은 것이다. 왕중추 교수는 "사랑받는 사람이나 상품은 다른 사람이나 경쟁 상품이 갖지 못한 1퍼센트의 차이를 갖고 있는데, 이 1퍼센트의 차이가 곧 디테일의 힘"이라고 설명한다.

"큰 나라를 다스리는 것은 작은 물고기를 요리하듯 해야 한다"는 노자의 말처럼 디테일을 중시하고 디테일에서 이기는 기업만이 생존과 성장을 보장받을 수 있다는 것을 잘 보여주는 대목이다. 제품 자체보다도 그것을 둘러싼 관리 기술의 차이가 승부를 가르기도 한다.

말단 영업사원 출신으로 기업의 대표이사가 되고 대학교수로도 이름을 떨친 그는 '중국인들의 대충주의를 바꿔 놓은 디테일의 거장'으로 평가받고 있다. 그의 얘기는 '빨리빨리' 문화 속에서 우리가 소홀히 해왔던 디테일의 위력을 체감케 하고, 디테일에 강해지려면 어떻게 해야 하는지를 되돌아보게 한다.

그는 "처음 98퍼센트는 잘하는데 마지막 2퍼센트를 제대로 마무리하지 못하는 사람이 많다"(톰 피터스), "0.01초의 차이가 한 사람을 영웅으로 만들고 한 사람은 기억조차 나지 않게 만든다"(이건희) 등의 '절실한 육성'들도 함께 전해준다. "작은 것이 위대한 제국을 건설한다"(세스 고딘)는 말처럼 첨단 경쟁 시대에는 사소한 것이 큰 차이를 낳는다. 상품에서도 1퍼센트의 편리함이 승패를 가른다.

아이들과 풀꽃 그림 그리다 얻은 시

가장 짧은 문장으로 가장 긴 울림을 주는 것이 시다. 나태주 시

인의 「풀꽃·1」도 그렇다. 단 5행의 짧은 시로 이렇게 깊은 감동
과 여운을 주다니! 1991년 이후 서울 광화문의 교보생명 본사
건물에 걸린 '광화문 글판' 가운데 사람들의 사랑을 가장 많이
받은 작품이기도 하다.

　시인이 초등학교 교장으로 근무할 때 아이들에게 한 말을 그
대로 옮겨 썼다고 한다. 숲속 마을의 작은 초등학교에서는 교장
선생님도 한 반씩 돌아가며 수업을 해야 했다. 미술 수업을 맡
은 어느 날, 아이들이 밖으로 나가 풀꽃을 그리자고 졸랐다. 부
끄러움을 많이 타는 아이, 아픈 엄마와 함께 사는 아이, 아빠가
안 계시는 아이, 그림 그리기를 싫어하는 아이…….

　저마다 사연이 많은 아이들이 풀꽃 앞에 앉아 서투르게 그림
을 그리는 모습은 그 자체로 그림 같다. 작지만 아름다운 풀꽃
을 그리려면 눈을 바짝 갖다 대고 관찰해야 한다. 그렇게 아이
들은 풀꽃을 섬세하게 들여다보면서 예쁘다고 말한다. 외로운
것 같지만 함께 모여 있는 모습이 보기 좋다면서 깔깔거린다.
교장 선생님은 아이들이 모두 집으로 돌아간 뒤 그 모습을 하나
씩 떠올리며 시를 써서 칠판에 곱게 적어 놓는다.

이 시의 첫 구절, 첫 표현의 '자세히'가 핵심어다. 자세히 보아야 예쁜 줄 안다. 그렇게 자세히 '오래' 보아야 사랑스럽다. 그런 꽃이 바로 '너'다. 이 얼마나 아름다운가.

시인은 또 다른 시 「촉」에서 무심히 골목길을 지나치다 "두껍고 단단한 / 아스팔트 각질을 비집고 / 솟아오르는 / 새싹의 촉"을 보고는 "얼랄라 / 저 여리고 / 부드러운 것이! // 한 개의 촉 끝에 / 지구를 들어올리는 / 힘이 숨어 있다"며 감탄한다. 이런 섬세한 감성, 미세한 눈길, 세상을 '자세히' '오래' 보는 것이 곧 감동적인 시의 '숨은 힘'이었던 것이다.

그 작은 풀꽃처럼 키 큰 나무와 거대한 숲 역시 아주 작은 씨앗에서 출발한다. 랠프 월도 에머슨도 "천 그루의 울창한 숲도 도토리 한 알에서 시작된다"라고 하지 않았던가.

살림살이가 어렵고 글로벌 경제가 출렁거릴수록 '1퍼센트의 차이'는 더 중요해진다. 최근 국내 기업 CEO들이 '디테일의 힘'을 다시 강조하고 있다니 그나마 다행이다. 하긴 "사람을 힘들게 하는 것은 먼 곳에 있는 산이 아니라 신발 안에 있는 작은 모래 한 알"이라고 했다.

인격

성찰의 깊이가
인생을 결정한다

인생에서 언제 무슨 일이 일어날지 말해주는 사람은 없어요.

나에게 온 단 한 번의 기회처럼

의지만 있다면 누구나 인생의 기회를 잡을 수 있습니다.

그것을 꼭 잡아야 합니다.

만약에……

모든 사람이 이성을 잃고 너를 비난해도
냉정을 유지할 수 있다면
모두가 너를 의심할 때 자신을 믿고
그들의 의심마저 감싸 안을 수 있다면
기다리면서도 기다림에 지치지 않는다면
속임을 당하고도 거짓과 거래하지 않고
미움을 당하고도 미움에 굴복하지 않는다면
그런데도 너무 선량한 체, 현명한 체하지 않는다면

꿈을 꾸면서도 꿈의 노예가 되지 않을 수 있다면
생각하면서도 생각에 갇히지 않을 수 있다면
승리와 재앙을 만나고도
이 두 가지를 똑같이 대할 수 있다면
네가 말한 진실이 악인들 입에 왜곡되어

어리석은 자들을 옭아매는 덫이 되는 것을 참을 수 있다면
네 일생을 바쳐 이룩한 것이 무너져 내리는 걸 보고
낡은 연장을 들어 다시 세울 용기가 있다면

네가 이제껏 성취한 모든 걸 한데 모아서
단 한 번의 승부에 걸 수 있다면
그것을 다 잃고 다시 시작하면서도
결코 후회의 빛을 보이지 않을 수 있다면
심장과 신경, 힘줄이 다 닳아버리고
남은 것이라곤 버텨라! 라는 의지뿐일 때도
여전히 버틸 수 있다면

군중과 함께 말하면서도 너의 미덕을 지키고
왕들과 함께 거닐면서도 오만하지 않을 수 있다면

적이든 친구든 너를 해치지 않게 할 수 있다면
모두들 중히 여기되 누구도 지나치지 않게 대한다면
누군가를 도저히 용서할 수 없는 1분의 시간을
60초만큼의 장거리 달리기로 채울 수 있다면
이 세상 모든 것은 다 네 것이다.
무엇보다 아들아, 너는 비로소 한 사람의 어른이 되는 것
이다!

—J. 러디어드 키플링

영국 시인 J. 러디어드 키플링(Joseph Rudyard Kipling)이 열두 살 된 아들에게 들려주기 위해 쓴 시다. 1907년 마흔두 살에 최연소 노벨문학상 수상자가 된 그는 수많은 이들의 찬사와 경탄에도 들뜨지 않고 고요히 서재에 들어앉아 이 시를 썼다.

그의 인생 철학과 문학적 정수가 응축된 이 시는 하나뿐인 그의 아들만이 아니라 전 세계인의 가슴을 적시는 명시가 됐다. 최근까지도 BBC가 선정한 '영국인이 가장 사랑하는 시' 1위에 두 번이나 뽑혔다.

영국 식민지 시절의 인도 뭄바이에서 태어나 영국에서 교육받은 그는 시와 산문을 두루 잘 써서 젊을 때부터 이름을 날렸다. 우리가 잘 아는 『정글북』도 그의 작품이다. 영국인 최초로 노벨문학상의 영예를 안은 그에게 노벨위원회는 "이미 세계적인 명성을 얻은 작가로 그의 관찰력과 독창적인 상상력, 기발한

착상, 이야기를 이끄는 재능의 비범함에 감탄한다"라고 극찬했다. 문학평론가이자 소설가인 헨리 제임스도 "키플링은 개인적으로 내가 알아온 사람들 중에서 가장 완벽한 천재의 모습으로 다가온다"라고 했다.

대학을 졸업하고 인도로 가 저널리스트로 활동한 그는 미국 여인 캐롤린 밸러스티어와 결혼한 뒤 유럽과 인도, 미국을 오가며 뛰어난 작품을 많이 썼다. 남아프리카까지 돌며 전쟁의 참사를 르포 기사로 폭로하기도 했다.

그러나 인도의 군대 생활을 그린 시 「병영의 노래」와 「7대양」 등을 통해 영국의 제국주의를 미화했다는 비판도 함께 받았다. 조지 오웰로부터는 '대영제국의 앞잡이'라는 소리까지 들었다.

간디가 사랑한 시

흥미로운 것은 영국에 맞서 불복종 운동을 편 간디가 이 시를 자주 애송했다는 점이다. 키플링보다 네 살 아래인 간디는 영국에서 공부한 변호사이기도 했다. 그가 '인도의 성자'로 추앙받게 된 이면에 '제국주의 시인' 키플링이 있었다니 믿기 어려운 역사의 아이러니다.

어떻게 된 사연일까. 식민지 시대 지식인의 외로운 영혼이 둘의 교감을 넓혀준 징검다리였다. 영국인이지만 인도에서 태어난 키플링은 생김새도 인도인 같았다. 어릴 때부터 인도 사람들과 친했고 인도 문화에도 익숙했다. 하지만 당시 인도에서 태어난 영국 아이는 영국에서 교육을 받는 게 관행이었기 때문에 그는 '낯선 고국'으로 가야 했다. 게다가 군인인 친척 집에서 어린 나이에 감당하기 힘든 규율에 갇혀 지내야 했다. 그때는 식민 지배를 위해 군사적 덕목을 강조하던 시절이었다. 그런 상황에서 정적이고 예술적 감수성이 풍부한 아이는 적응하기 어려웠다.

식민주의의 폭력을 온몸으로 경험한 그는 죽을 때까지 이 비극의 굴레를 벗지 못하고 분열된 자아로 고통스러워했다. 인도 학자 아시스 난디가 『친밀한 적』이라는 책에서 분석한 것처럼 그는 끝내 영국인일 수도 인도인일 수도 없었던 식민주의적 비극의 희생양이었던 것이다.

그러나 그는 제국과 식민지의 경계에서 주변인으로 떠도는 신세를 한탄하지 않았다. 오히려 그런 자신의 운명을 성찰의 지렛대로 삼았다. 어느 인생에나 영광과 오욕, 승리와 좌절의 순간이 있다. 그도 개인적으로는 노벨문학상 등의 빛나는 영예를 누렸지만, 시대적 모순 속에서 정체성의 혼란으로 고민했다. 그러나 이를 자신의 인격을 다듬고 키우는 디딤돌로 활용했다. 시련과 고난이 명검을 더욱 단련시키는 것과 같은 이치였다. 이 같은 과정을 거쳐서 그는 '성찰의 깊이가 인생을 결정한다'는 사실을 체득할 수 있었다.

간디는 이런 그의 내밀한 상처와 통찰의 단계를 누구보다 깊이 이해했다. 그 공감대 위에서 두 사람은 '꿈을 꾸면서도 꿈의 노예가 되지 않고', '생각하면서도 생각에 갇히지 않는' 방법을 함께 찾았다. 간디가 '비폭력'이라는 전무후무한 저항 방식으로 식민주의 체계를 넘고자 했던 것도 여기에서 비롯됐다. 그 덕분에 둘은 지배와 피지배의 이분법을 넘어 새로운 세계의 지평을 넓히는 동반자가 될 수 있었다.

폴 포츠와 이소룡을 키운 힘
100여 년 전의 간디만이 아니다. 요즘도 이 시를 좋아하는 사람이 많다. 온갖 고난 끝에 글로벌 스타가 된 영국 오페라 가수 폴 포츠도 그중 한 명이다.

휴대폰 판매원이던 그는 "초라한 외모와 궁핍, 교통사고, 종양수술 등의 어려움을 딛고 오디션 스타로 성공할 수 있었던 것은 키플링의 이 시 덕분이었다"고 고백했다. 승리와 재앙을 만났을 때 이 둘을 똑같이 대할 수 있는 것도 시를 통해 체득한 진리라고 했다.

"승리와 절망은 실체가 없고 우리가 겪는 과정일 뿐이기 때문입니다. 그것들에 영향을 받으면 안 됩니다. 이 시는 어떤 상황에서도 인간 의지의 소중함을 강조하죠. 인생에서 언제 무슨 일이 일어날지 말해주는 사람은 없어요. 나에게 온 단 한 번의 기회처럼 의지만 있다면 누구나 인생의 기회를 잡을 수 있습니다. 그것을 꼭 잡아야 합니다."

어린 시절부터 못생긴 얼굴과 가난 때문에 왕따를 당하며 자란 그가 숱한 역경을 이겨내고 꿈을 이룰 수 있었던 힘은 '어떤 상황에서도 버틸 수 있었던 의지'였던 것이다.

"아팠던 적도 많았고, 교통사고로 수술을 받으며 많은 돈과 에너지를 소모하기도 했죠. 모든 상황이 정신없을 정도로 급변했지만 그것에 굴복하지 않고 '낡은 연장을 들어 다시 세울 용기'를 잃지 않았기에 오늘의 영광이 왔습니다."

전설적인 액션 스타 이소룡도 이 시의 열렬한 팬이었다. 몇 년 전 이소룡 공식 웹사이트(www.brucelee.com)에 올라온 그의 딸 동영상이 화제를 모았다. 딸은 생전에 아버지가 애송했던 이 시를 암송하면서 "아버지가 너무나 좋아해 이 시를 금속 장식판에 새겨서 걸어두고는 늘 영감의 원천으로 삼았다"고 말했다.

세계에서 가장 오래된 테니스 경기장인 윔블던코트 입구에도 이 시의 한 구절이 적혀 있다. "승리와 재앙을 만나고도 이 두 가지를 똑같이 대할 수 있다면……."

열정

청춘이란
마음가짐을 뜻하나니

우리가 늘 얻는 것만은 아니다.

가끔은 잃기도 하고 방황도 한다.

하지만 청춘의 꺼지지 않는 불길은

그 잃어버린 세계에서 또 하나의 세상을 탄생시킨다.

그것이 바로 청춘의 영원불멸성이자 진정한 젊음의 자세이다.

청춘

청춘이란 인생의 어떤 한 시기가 아니라
마음가짐을 뜻하나니.
장밋빛 볼, 붉은 입술, 부드러운 무릎이 아니라
풍부한 상상력과 왕성한 감수성과 의지력
그리고 인생의 깊은 샘에서 솟아나는 신선함을 뜻하나니.

청춘이란 두려움을 물리치는 용기,
안이함을 뿌리치는 모험심,
그 탁월한 정신력을 뜻하나니.
때로는 스무 살 청년보다 예순 살 노인이 더 청춘일 수 있네.
누구나 세월만으로 늙어가지 않고
이상을 잃어버릴 때 늙어가나니.

세월은 피부의 주름을 늘리지만
열정을 가진 마음을 시들게 하진 못하지.
근심과 두려움, 자신감을 잃는 것이
우리 기백을 죽이고 마음을 시들게 하네.

그대가 젊어 있는 한
예순이건 열여섯이건 가슴 속에는
경이로움을 향한 동경과 아이처럼 왕성한 탐구심과
인생에서 기쁨을 얻고자 하는 열망이 있는 법.

그대와 나의 가슴 속에는 이심전심의 안테나가 있어
사람들과 신으로부터 아름다움과 희망,
기쁨, 용기, 힘의 영감을 받는 한
언제까지나 청춘일 수 있네.

영감이 끊기고
정신이 냉소의 눈에 덮이고
비탄의 얼음에 갇힐 때
그대는 스무 살이라도 늙은이가 되네.
그러나 머리를 높이 들고 희망의 물결을 붙잡는 한,
그대는 여든 살이어도 늘 푸른 청춘이네.

—새뮤얼 울만

새뮤얼 울만이 「청춘」이라는 시를 쓴 것은 78세 때였다. 하지만 이 작품이 빛을 보게 된 것은 훨씬 뒤, 그것도 생각지도 못한 인물을 통해서다.

태평양 전쟁이 끝나갈 무렵, 종군기자 프레더릭 팔머는 필리핀 마닐라에 주둔하고 있던 미국 극동군 총사령관 맥아더를 찾아갔다. 맥아더와 이런저런 이야기를 나누던 중, 팔머는 우연히 책상 위의 액자 속에 들어있던 「Youth」라는 시를 보았고, 순식간에 빠져들었다. 수 년 전 선물 받았다는 이 시를 맥아더는 매일 암송할 만큼 좋아했다.

시는 결국 팔머의 손을 거쳐 『리더스 다이제스트』 1945년 12월 호에 「어떻게 젊게 살 것인가(How to stay young)」라는 제목의 기사로 소개됐다. 이후 그것을 본 오카다 요시오라는 사람이 이를 번역해 책상에 붙여 놓았고, 또다시 그의 친구가 신문을 통해 일본 지식인층에 소개해 놀라운 반향을 일으켰다.

이 시를 읽고 나자 98세에 글을 배우기 시작한 한 남자가 떠올랐다. 그의 이름은 조지 도슨. 미국 뉴올리언스의 가난한 흑인 집안에서 태어난 그는 동생들을 먹여 살리느라 학교에 다니지 못했다. 그럼에도 자신이 까막눈이라는 사실을 쉬쉬해야 했다. 간신히 얻은 일자리에서 쫓겨나지 않으려면 글을 읽을 줄 아는 척해야 했기 때문이다. 그는 일자리를 얻을 때마다 표지판이나 노동지침 같은 것들을 가까운 사람에게 물어 몽땅 외워버리곤 했다. 글을 읽을 줄 모른다는 것은 그에게 더없이 '고통스러운 비밀'이었지만 생활에 쫓기다 보니 어쩔 수 없었다.

하지만 그에게는 긴 세월 동안 힘이 되어준 믿음이 있었다. '인생이란 좋은 것이고, 점점 더 나아지는 것'이라고 했던 할아버지와 아버지의 가르침이었다. 그리고 그는 묵묵히 최선의 삶을 꾸려가겠다는 결심으로 '못 배운 설움'을 이겨냈다.

남북전쟁에서 북군이 승리하면서 흑인 해방이 이루어졌지만, 실상 사회는 그다지 변한 것이 없었다. 흑인들은 여전히 차별받고 핍박받았다. 게다가 그는 죄 없이 백인들의 손에 죽은 형 때문에 10세 이후로는 백인들과 어떤 거래도 하지 않겠다고 다짐

했던 차였다. 그래서 21세 때부터 미국 전역과 캐나다, 멕시코를 오가며 부두 노동자와 도로 공사장 인부 등 수십 개의 직업을 전전하다가 늘그막에 고향으로 돌아왔다. 혼자 낚시로 소일하던 어느 날, 그는 성인들을 위한 교육 과정이 있다는 소식을 듣고는 곧바로 낚싯대를 내던지고 학교로 달려갔다. 이때 그의 나이 98세였다.

그는 알파벳 26자를 몽땅 외우고 '장례식 때문에 빠진 사흘'을 제외하고는 지각 한 번 하지 않았다. 그리고 101세가 되던 해 자신만의 책을 펴냈다. 제목은 『인생은 아름다워(Life is so good)』. 그의 인생 여정이 오롯이 담긴 자서전이었다.

그가 책을 내기까지는 초등학교 교사인 글로브먼의 도움이 절대적으로 컸다. 신문기사를 보고 찾아온 글로브먼이 그의 인생을 책으로 만들자고 설득하자, 도슨도 90여 년 전의 다짐을 깨고 백인과 힘을 합쳐 책을 만들기 시작했다.

이처럼 만년에 발견한 독서의 기쁨과 세상과의 교감은 그에게 어떤 것보다 값지고 아름다운 행복이었다. 그는 무려 3세기를 관통한 풍부한 경험과 열정으로, 여러 학교와 선도기관 등에 강연을 다니며 좌절에 빠진 이들에게 희망을 주었다. 그는 '늦었다고 생각할 때가 가장 빠를 때'라는 삶의 교훈을 온몸으로 보여준 '청춘'의 주인공인 셈이다.

나이는 숫자에 불과하다

일본에서 '경영의 신'으로 불리는 마쓰시타 고노스케도 '영원한 청춘'을 온몸으로 보여준 사람이었다. 그는 초등학교도 마치지 못하고 약골로 태어났음에도 '지난 천 년간 가장 위대한 경영인'에 뽑혔다.

화로가게 점원이던 그가 22세에 무일푼으로 마쓰시타 전기를 설립할 때까지만 해도, 누구도 그의 손에서 당대 최고의 기업이 탄생할 것이라고 생각지 않았다. 그는 지독한 가난, 허약한 몸, 짧은 '가방끈'에도 불구하고 신화를 이룩했다. 그 비결은 바로 '늘 푸른 청년 정신'과 '역발상의 지혜'였다. 어린 나이에 점원이 되었으니 상인의 몸가짐을 빨리 익힐 수 있었고, 태어날 때부터 몸이 약하다 보니 남에게 일 부탁하는 법을 배웠으며, 학력이 모자라다 보니 항상 다른 사람에게 가르침을 구했다.

이후 그는 자서전을 내면서 그 제목도 『영원한 청춘』이라고 정했다. 그는 새뮤얼 울만의 말처럼 "청춘이란 인생의 어떤 시기가 아니라 마음가짐을 뜻한다"는 사실을 누구보다 잘 알고 있었다. 또 그는 일에 몰입하는 사람이라면 승진뿐만 아니라 더 큰 결실도 얻을 수 있으니 '왕성한 탐구심'과 '머리를 높이 치켜들고 희망의 물결을 붙잡으라'고 강조했다. 모든 기업이 휘청거렸던 금융공황 때마저 한 사람의 해고 없이 위대한 조화경영의 진수를 보여줌으로써 자신의 '청춘'도 증명했다.

위대한 리더의 덕목, 청춘의 마음가짐

어디 그뿐인가. 「청춘」에는 뛰어난 리더의 덕목들이 녹아 있다. 몇 해 전 『하버드 비즈니스 리뷰』 신년호는 세계적인 기업의 최고경영자들이 꼽은 최고의 자질을 소개하며 그 첫 번째로 「청춘」에 나오는 '열정적인 마음가짐'을 들었다.

개인비행기 제작회사 시루스의 창업자인 알란 클람프마이어는 경비행기를 몰다가 공중에서 다른 경비행기와 충돌하는 바람에 상대편 비행사가 사망했던 일화를 고백하며 이렇게 말했다.

"그 후로 비행기에 대한 내 열정은 안전에 대한 열정으로 바뀌었다. 내가 여러 에어쇼에 비행기 안전을 강화할 혁신적 디자인을 소개했을 때, 사람들은 비웃었지만 나는 포기하지 않았다. 리더의 열정이 관련 산업 전체를 바꿀 수도 있다."

미국 보안방위업체 블랙워터USA의 사장 게리 잭슨은 "우리 회사 주차장에는 '지정주차석'이 딱 한 자리 있다. 이는 최고경영자를 위해 비워둔 것이 아니다. 그냥 제일 먼저 출근하는 사람 몫이다. 그리고 이 자리를 매일 차지하는 사람은 바로 사장인 나다. 리더는 언제나 에너지가 넘쳐야 한다"고 말했다. 가장 먼저 출근하고, 가장 먼저 발로 뛰는 사람만이 영원한 청춘의 리더가 될 수 있다는 의미다.

청춘의 마음가짐을 지닌 사람일수록 자세를 낮출 줄도 안다. 노키아의 최고경영자였던 올리 페카 칼라스부오(Olli Pekka Kallasvuo)는 이렇게 말했다.

"리더는 자세를 낮춰 고객과 사원들의 소리를 귀 기울여 듣고 아이디어를 구할 줄 알아야 한다. 리더가 혼자 할 수 있는 일은 거의 없다. 그러나 팀원들과 함께 할 수 있는 일은 매우 많다."

우리가 늘 얻는 것만은 아니다. 가끔은 잃기도 하고 방황도 한다. 하지만 청춘의 꺼지지 않는 불길은 그 잃어버린 세계에서 또 하나의 세상을 탄생시킨다. 그것이 바로 청춘의 영원불멸성 이자 새뮤얼 울만이 말한 진정한 젊음의 자세인 것이다.

배움

세상을 보는 안목

열정만 가지고 무턱대고 달려드는 것은 배움이 아니며,

나만의 이익을 위해 전전긍긍하는 것도 진정한 배움이 아니다.

배움에는 열정과 배려 두 가지가 모두 필요하다.

나는 배웠다

나는 배웠다.
다른 사람이 나를 사랑하게 만들 수는 없다는 것을.
내가 할 수 있는 일은 사랑받을 만한 사람이 되는 것뿐임을.
사랑은 사랑하는 사람의 선택에 달린 일임을.

나는 배웠다.
내가 아무리 마음을 쏟아 다른 사람을 돌보아도
그들은 때로 보답도 반응도 하지 않는다는 것을.
신뢰를 쌓는 데는 여러 해가 걸려도 무너지는 것은 한순간임을.

삶은 무엇을 손에 쥐고 있는가가 아니라
누가 곁에 있는가에 달려 있음을 나는 배웠다.
우리의 매력이라는 것은 15분을 넘지 못하고
그다음은 서로를 알아가는 것이 더 중요함을.

다른 사람의 최대치에 나를 비교하기보다는
나 자신의 최대치에 나를 비교해야 함을 나는 배웠다.
삶은 무슨 사건이 일어나는가에 달린 것이 아니라
일어난 사건에 어떻게 대처하는가에 달린 것임을.

또 나는 배웠다.
무엇을 아무리 얇게 베어낸다 해도
거기에는 언제나 양면이 있다는 것을.
그리고 내가 원하는 사람이 되는 데는
오랜 시간이 걸린다는 것을.

사랑하는 사람에게는 언제나
사랑의 말을 남겨 놓아야 함을 나는 배웠다.
어느 순간이 우리의 마지막 시간이 될지

아는 사람은 아무도 없으므로
두 사람이 서로 다툰다고 해서
서로 사랑하지 않는 게 아님을 나는 배웠다.
그리고 두 사람이 서로 다투지 않는다고 해서
서로 사랑하는 게 아니라는 것도
두 사람이 한 가지 사물을 바라보면서도
보는 것은 완전히 다를 수 있음을.

나는 배웠다.
나에게도 분노할 권리는 있으나
타인에 대해 몰인정하고 잔인하게 대할 권리는 없음을.
내가 바라는 방식대로 나를 사랑해주지 않는다 해서
내 전부를 다해 사랑하지 않아도 좋다는 것이 아님을.

그리고 나는 배웠다.
아무리 내 마음이 아프다 하더라도 이 세상은
내 슬픔 때문에 운행을 중단하지 않는다는 것을.
타인의 마음에 상처를 주지 않는 것과
내가 믿는 것을 위해 내 입장을 분명히 하는 것
이 두 가지를 엄격하게 구분하는 일이 얼마나 어려운가를.

나는 배웠다.
사랑하는 것과 사랑받는 것을.

─오마르 워싱턴

새뮤얼 울만의 「청춘」과 함께 CEO들이 가장 좋아하는 작품이 오마르 워싱턴의 「나는 배웠다」이다. 그 속에 세상 사는 지혜가 다 녹아 있기 때문이다. 이는 개인적인 영역을 떠나 기업경영과 고객서비스 원리에도 적용된다.

LG CNS의 신재철 전 사장도 「나는 배웠다」를 애송한다. 가끔 후배들에게 이 시의 몇 구절을 직접 암송해주기도 한다. 이 시가 일상의 소소한 지혜와 너그러움을 일깨우고 겸허하게 자신을 돌아보게 해주는 데다 자신의 인생철학까지 담고 있다고 말한다.

"내가 행동을 잘해서 다른 사람이 좋아하게 만들어야지, 행동은 시원찮게 해놓고 남이 자기를 좋아하게 하는 건 불가능하지요. 정직하게 사는 게 가장 잘사는 방법이란 걸 배웠습니다. '아무리 얇게 베어낸다 해도 거기에는 언제나 양면이 있다'는 표현, 정말 대단하지 않습니까? 모든 사람과 사물엔 양면이 있지요. 나는 이 두 면을 다 보는 넓은 시야를 가져야 한다는 것을 이 시에서 배웠습니다."

　그는 대학을 졸업하기 1년 전부터 사회생활을 시작해서 49세에 한국IBM 대표가 됐고, 2006년에는 LG CNS 사장이 되었다. 60대 후반이 되어서도 "나이 들수록 오히려 호기심이 많아진다"며 청년처럼 웃는다. 그의 열정은 남다르다. 한번 일을 시작하면 모든 걸 내건다. 조직이란 여러 사람의 꿈을 안고 가는 생명체이자 끊임없는 평가가 오가는 냉혹한 전쟁터인 만큼, 어떤 일을 맡았으면 자신의 모든 것을 걸어 확실한 부가가치를 내야 한다는 것이다.

　이처럼 최선을 다하다 보면, 반드시 성과가 따라온다. 덕분에 불필요한 스트레스도 받지 않는다. 그의 표현에 따르면 "스트레스는 최선을 다하지 않아 나쁜 결과가 생길 때 오는 증상"이다. 죽어라 최선을 다하고 두 번, 세 번을 해서도 안 되면 어쩔 수 없지만 지금껏 두 번까지 해서 안 되는 건 없더라는 것이다. 그리고 그는 자신을 이끌어온 열정의 근원을 바로 호기심과 배움에서 찾는다.

"늙는다는 것은 새로운 것에 대한 호기심과 꿈이 적어지는 현상이지요. 요즘 젊어서도 늙은 사람이 너무 많은데 난 지금도 청년 시절만큼 호기심이 많습니다. 배움에 대한 관심도 그만큼 크지요."

그는 틈날 때마다 직원들에게 "실력을 기르라"고 강조하는데, 이때 중요한 것은 '다른 사람의 최대치'보다는 '자신의 최대치'에 자신을 비교하는 것이라고 덧붙인다. 실력이 있으면 배짱 좋게 살고 실력이 없으면 남의 눈치를 보게 된다는 것을 몸소 체득했기 때문이다. 진정한 실력이란 무엇인가. 그는 "자기 분야에서 최고가 되는 것, 늘 배움의 길을 열어두는 것"이라고 말한다.

일상의 지성인

하지만 배움의 길은 그냥 열리는 것이 아니다. 그것은 부단한 관찰과 배려 속에서 배울 만한 것을 찾아낼 줄 아는 '눈'에서 비롯된다. 김용석의 『일상의 발견』이란 책에 이런 글귀가 나온다.

"관심이 있어야 관찰이 따라온다. 즉 마음을 열어두고 있어야, 성실하게 살펴보게 된다. 이럴 때 관찰은 마음의 눈으로 보는 것이다. 그리고 성실한 관찰은 반드시 사고를 자극한다. 즉 생각하고 성찰하게 만든다. 이것은 가정에서도 직장에서도 마찬가지다. 일상생활 가운데 사람과 사물 그리고 공동체 안의 사정에 관심을 가지고 관찰하면 자기반성을 하게 되고 남도 더 잘 이해하게 된다. 누구나 '일상의 지성인'이 되는 것이다."

'일상의 지성인'의 대표적인 예로 채플린을 들 수 있다. 그가 무명 시절 철공소에서 일할 때의 얘기다. 몰려드는 주문으로 눈코 뜰 새 없이 바쁘던 날, 사장이 채플린에게 빵을 사다 달라고 부탁했다. 사장은 저녁 시간이 지나서야 채플린이 가져다준 빵 봉투를 열어보았다.

그 안에는 빵과 함께 와인 한 병이 들어 있었다. 사장은 "이게 웬 와인인가?" 하고 물었다. 그러자 채플린이 대답했다.

"사장님은 일이 끝나면 언제나 와인을 드시곤 하더군요. 그런데 오늘은 와인이 떨어진 것 같아서 둘 다 사왔습니다."

사장이 감동한 것은 두말할 나위 없다. 김용석이 말한 일상의 지성인이란 열린 자세, 즉 사소한 것에도 귀와 눈을 여는 것을 말한다. 바닥난 와인 병까지 볼 수 있는 눈을 가진 사람으로서, 채플린이 성공한 희극배우가 됐다는 사실은 그다지 놀라운 일이 아니다. 그는 주변을 관찰하고 그 안에서 개선점과 배울 점을 찾아내는 재주가 탁월했을 것이다.

열정만 가지고 무턱대고 달려드는 것은 배움이 아니며, 나만의 이익을 위해 전전긍긍하는 것도 진정한 배움이 아니다. 배움에는 열정과 배려 두 가지가 모두 필요하다.

최선

미쳐야 도달한다

끝 무딘 송곳으로 구멍을 뚫기는 어렵지만
한번 뚫으면 크게 뚫린다.
한 번 보고 안 것은 얼마 못 가 사라지지만
피땀 흘려 얻은 것은 평생 내 것이 된다.

모든 순간이 꽃봉오리인 것을

나는 가끔 후회한다
그때 그 일이
노다지였을지도 모르는데……
그때 그 사람이
그때 그 물건이
노다지였을지도 모르는데……
더 열심히 파고들고
더 열심히 말을 걸고
더 열심히 귀 기울이고
더 열심히 사랑할걸……

반벙어리처럼
귀머거리처럼
보내지는 않았는가

우두커니처럼……
더 열심히 그 순간을
사랑할 것을……

모든 순간이 다아
꽃봉오리인 것을,
내 열심에 따라 피어날
꽃봉오리인 것을!

―정현종

후회는 꼭 뒤늦게 찾아온다. 지나간 순간순간이 내 삶의 '노다지'였음을 한참 뒤에야 깨닫는다. 그때 '더 열심히 파고들고, 더 열심히 귀 기울이고, 더 열심히 사랑할걸' 뉘우쳐도 흘러간 시간은 다시 오지 않는다.

그나마 늦게라도 깨달았으니, 이 또한 얼마나 다행인가. 그렇다. '모든 순간이 꽃봉오리인 것을' 깨달은 사람은 이제 어떤 거친 땅에서도 꽃을 피워낼 수 있다.

옛 사람들은 불광불급(不狂不及)이라고 해서 어떤 일에 미치지 않고는 그 경지에 도달할 수 없다고 했다. 200여 년 전에도 그런 '미친' 사람들이 많았다. 그들은 타고난 재주는 없었지만 남들보다 몇 십, 몇 백 배 노력해 일가를 이루었다.

나쁜 머리 때문에 고생하면서도 놀라운 노력으로 한계를 극복하고 당대 최고 시인의 반열에 오른 김득신(金得臣)을 보자.

그는 20세가 되어서야 겨우 글 한 편을 지을 정도로 둔재 중의 둔재였다. 우여곡절 끝에 성균관에 들어가서도 늘 외워 읽기를 반복해야 했다. 이에 대한 그의 『독수기』는 아주 유명하다.

그는 책을 읽을 때마다 횟수를 적어두었다. 거길 보면 "『백이전』은 1억 1만 3천 번을 읽었고, 『노자전』『분왕』『벽력금』『주책』『능허대기』『의금장』『보망장』은 2만 번을 읽었다. …… 갑술년(1634)부터 경술년(1670) 사이에 『장자』『사기』『대학』과 『중용』은 많이 읽지 않은 것은 아니나 읽은 횟수가 만 번을 채우지 못했기 때문에 신지 않았다"라고 적혀 있다. 이때의 1억은 지금의 10만을 가리키니 그가 실제로 『백이전』을 읽은 횟수는 11만 번이다. 그는 이처럼 곁에서 보기 안쓰러울 정도로 노력을 거듭해 마침내 큰 시인이 되었다.

그는 진전이 없는데도 노력을 그치지 않는 '바보'이기도 했다. 순간순간을 자신이 원하는 길만 보고 최선을 다해 걸었다. 끝무딘 송곳으로 구멍을 뚫기는 어렵지만 한번 뚫으면 크게 뚫린다. 한 번 보고 안 것은 얼마 못 가 사라지지만 피땀 흘려 얻은 것은 평생 내 것이 되는 이치도 여기에 있다.

늦게 가는 사람이 멀리 간다

그 시절의 이덕무도 지독한 가난 속에서 방대한 저술을 남긴 '책에 미친 바보'였다. 그는 얼음장 같은 방에서 책을 읽다 동상에 걸리고 손가락이 부어 피가 터지는 지경에서도 책을 빌려달라는 편지를 보내며 공부의 끈을 놓지 않았다. 그가 땔감도 없이 찬 방에서 견디다 못해 『한서』한 질을 이불처럼 늘어 놓고 『논어』를 병풍 삼아 겨울밤을 지새웠다는 일화는 유명하다.

그는 누구보다 책읽기를 좋아했으며, 그 안에서 얻은 지혜로 실학의 새로운 지평을 활짝 열었다. 그에게는 책이 곧 세상이고, 삶이며, 우주였다. 오히려 그는 "옛날에는 문을 닫고 앉아 글을 읽어도 천하의 일을 알 수 있었다"며 선현들의 지혜에 못 미치는 자신의 우둔함을 한탄하곤 했다.

'깜짝 실적'으로 우리를 놀라게 하는 천재가 종종 있다. 지나치게 반짝이는 순간의 재주가 날개 돋친 듯 팔려나간다. 그러나 묵묵히 자리를 지키면서 한 우물을 파는 노력파의 결실은 더디지만 훨씬 크게 빛난다. 그것이야말로 꾸준히 바쳐온 순간순간이 한꺼번에 터져 나오는 눈부신 꽃봉오리다.

오래 전 정민 교수의 『미쳐야 미친다』를 읽고 몇 번이나 탄복했다. 그 책의 주인공들은 18세기 조선에서 '모든 순간'을 '꽃봉오리'로 살다간 이들이었다. 그들은 격변의 시기를 앞장서 개척하면서 사회적인 패러다임의 변화를 이끌었다.

뼈아픈 시련을 자기 발전의 밑바탕으로 삼아 용수철처럼 튀어 오른 사람들, 절망 속에서 성실과 노력으로 자신의 세계를 우뚝 세워 올린 사람들, 스스로를 극한으로 몰아세워 한 시대의 가슴과 만나려 했던 이 노력가들의 삶을 비춰보면 애틋한 마음이 절로 인다.

개인의 창발성을 전체의 성장으로 이끄는 지렛대

그러나 가만히 생각해보면 각자의 최선이 제대로 된 성취를 발휘하려면 또 다른 조건이 갖춰져야 한다. 그 최선의 꽃봉오리를 알아주고 키워주는 사회 환경이 필요하다는 뜻이다.

18세기, 독학으로 신수의 경지에 오른 천문학자 김영은 혼자 『기하원본』을 익힌 뒤 수학에 흥미를 느껴 15년간 역상(曆象)을 파고들었고, 남들이 넘볼 수 없는 높은 경지에 이르렀다. 그의 재능을 알아본 산학의 대가 서호수의 추천 덕에 관상감에 기용

되었고, 이후 천문역학에 관한 해박한 지식으로 정조의 사랑을 받으며 특례로 역관에 발탁되었다. 그는 놀라운 실력으로 내로라하는 선배들도 쩔쩔매는 난제들을 풀어내곤 했다. 하지만 과거 시험을 통하지 않고 발탁되었다는 이유로 온갖 시기와 질투에 시달렸다.

"일이 있을 때는 능력 때문에 중히 여김을 받고도 일이 끝나면 그 능력을 질투하는 이들이 떼거리로 그를 괴롭혔다."

그는 더러운 꼴을 참지 못하고 벼슬을 걷어치웠다. 그 뒤 주역에 심취했지만 학문의 성취가 높아질수록 주변의 질시도 커져 갔다. 결국 그는 세상에게 버림받은 채 홀로 공부만 하다가 평생을 따라다니던 곤궁을 떨치지 못하고 굶어죽었다. 그래서 홍길주는 『김영전』에서 "세상은 재주 있는 자를 사랑하지 않는다"고 통탄했다.

김영의 일생을 현대식으로 바꿔 읽어보자. 아무리 자기계발에 열중해 최선을 다해도 그를 키우고 쓰임새를 넓히는 인재 활용의 체계가 미흡하면 그 꽃봉오리를 키우기 힘들다. 즉 주변 환경이 개인의 창발성을 전체의 성장으로 밀어올리는 '지렛대

역할'을 해줄 때 한 인간의 노력도 활짝 꽃필 수 있으며, 그것이 또 다른 최선을 낳을 것이다.

정원을 원한다면 허리를 굽혀 땅을 파라

창의

지식을 넘어
지혜의 시대로

창조(創造)가 무에서 유를 만들어내는 것이라면,

창의(創意)는 유무형의 한계조차 뛰어넘는

새로운 가치를 창출해내는 힘을 말한다.

인간은 여러 개의 창을 통해 세상을 보며,

그 안에서 자신의 세계를 완성한다.

처음 출근하는 이에게

잊지 말라.
지금 네가 열고 들어온 문이
한때는 다 벽이었다는 걸.

쉽게 열리는 문은
쉽게 닫히는 법.
들어올 땐 좁지만
나갈 땐 넓은 거란다.

집도 사람도 생각의 그릇만큼
넓어지고 깊어지느니
처음 문을 열 때의 그 떨림으로
늘 네 집의 창문을 넓혀라.

그리고 창가에 앉아 바라보라.
세상의 모든 집에 창문이 있는 것은
바깥 풍경을 내다보기보다
그 빛으로 자신을 비추기 위함이니

생각이 막힐 때마다
창가에 앉아 고요히 사색하라.
지혜와 영감은 창가에서 나온다.

어느 집에 불이 켜지는지
먼 하늘의 별이 어떻게 반짝이는지
그 빛이 내게로 와서
어떤 삶의 그림자를 만드는지

시간이 날 때마다
그곳에 앉아 너를 돌아보라.
그리고 세상의 창문이 되어라.
창가에서는 누구나 시인이 된다.

—고두현

지식이 많은 사람은 늘 한발 앞서간다. 아는 만큼 보이니 보이는 만큼 먼저 이루게 된다. 하지만 지식만으로는 부족할 때가 있다. 처음에는 정보와 식견이 한 걸음 앞서가는 무기가 되지만, 그것만으로는 한계에 부딪힐 가능성이 높다. 앞으로는 지식이 많은 사람보다 지혜로운 사람이 세상을 이끌어가게 될 것이다. 지혜는 지식보다 입체적이며, 외부의 평가에 연연하지 않는다. 지혜는 자기 자신과의 싸움을 요체로 하기 때문이다.

예전에 필요한 인재는 해당 분야의 전문 지식을 많이 가진 'I'자형 인재였다. 그다음에는 인접 분야까지 잘 아는 'T'자형 인재가 인정받았다. 다음에는 지식과 경험의 높낮이를 갖춘 '十'자형 인재가 각광받았다.

이제는 상하, 좌우, 앞뒤 그리고 근본을 종합적으로 아우르는 '입체형 인재'가 절실하다. 이 모든 관점을 하나로 모으는 접점에 있는 것이 바로 '지혜형 인간'이다.

지혜형 인간에게 가장 필요한 조건은 무엇일까. 그것은 '머리'와 '가슴'을 유연하게 연결하는 '창의력'이다. '창의'는 '창조'와는 다른 의미다. 창조가 무에서 유를 만들어내는 것이라면, 창의는 유무형의 한계조차 뛰어넘는 새로운 가치를 창출해내는 힘을 말한다. 인간은 여러 개의 창을 통해 세상을 보며, 그 안에서 자신의 세계를 완성한다.

지금부터 몸과 마음의 집에 창의의 창문을 만들고 틈날 때마다 그 창가에 앉아보자. 나와 나, 나와 상대, 나와 세상의 관계에 대한 모든 사유가 그곳에서 꽃 피우고 열매 맺게 될 것이다. 시인이나 철학자, 구도자처럼 창가를 생각의 정원으로 만들고, 그 생각의 밀도가 어떻게 변하는지 느껴보는 것이다. 그리고 우리 마음의 질량이 어떤 저울을 통해 시적 에스프리, 즉 자유로운 정신으로 승화되는지를 지켜보자. 창의력은 이처럼 창가에 앉아 그 느낌의 실체를 확인하고 체득하는 힘이다.

창조는 최선에서 태어난다

전 세계 전기면도기 시장의 47퍼센트를 차지하고 있는 필립스의 성공 비결은 바로 '역발상의 창의력'이었다. 필립스만의 창의력을 단적으로 보여준 것은 '면도기의 고객이 남자가 아닌 여자'라는 점이다. 면도는 남자의 전유물로 여겨진다. 그런데 술값은 아까워하지 않으면서 면도기 살 돈은 아까워하는 게 남자다. 게다가 전기면도기는 보통의 습식면도기보다 비싸다.

이 부분을 고민하던 필립스는 마케팅 포인트를 뒤집었다. 다름 아닌 여성 고객을 겨냥한 것이다. 평소 짠순이짓을 하던 여자들도 사랑하는 남자나 아버지의 선물을 살 때는 쉽게 지갑을 연다. 필립스 면도기의 51퍼센트가 '선물용'으로 팔리고 있다.

LG전자가 러시아에 에어컨을 판 얘기도 재미있다. 모두들 러시아는 추운 나라이니 에어컨이 필요 없으리라 생각했지만 LG전자는 상식을 깨고 창의력의 승리를 일궈냈다. 러시아 시장을 새로운 블루오션으로 만들어낸 것이다. 일단 LG전자는 시장조사를 통해 러시아에도 1년에 45일 정도 여름이 있다는 사실을 알아냈다. 그리고 그들이 추위에는 강해도 더위에는 약하다는 사실까지 간파했다. LG전자는 즉각 판매 전략을 세우고 에어컨 수출에 나섰다. 그 결과 러시아 에어컨 시장의 35퍼센트 이상을 차지하게 되었다.

한국야쿠르트의 '윌'의 성공 과정도 창의적인 발상의 결과다. 요구르트는 장이 나쁜 사람들에게 좋은 음료로 알려져 있지만 한국야쿠르트는 위에 좋은 유산균 요구르트로 승부를 걸었다. '요구르트=장'이라는 등식을 깬 것이다. '윌'은 순식간에 연 매출 2천억 원을 넘으며 국내 발효유 사상 최고의 대박 상품이 됐다.

그렇다면 창의력을 기르는 방법은 무엇일까? 창의력 전문가인 미국 워싱턴대학교의 케이스 소여 교수는 이렇게 말한다.

"창의적인 아이디어는 어느 날 하늘에서 뚝 떨어지는 것이 아니다. 사실 창의적인 사고를 할 때 사용하는 두뇌 영역은, 교통체증을 피하기 위해 고민할 때 쓰는 두뇌 영역과 동일하다."

이는 보통 사람들도 얼마든지 창의력을 키울 수 있다는 얘기다. 그는 또 창의력은 천재들의 전유물이 아니며 어떤 지식이나 아이디어를 매개로 형성될 뿐이라고 강조했다. 예를 들어 서로 다른 분야의 사람들끼리 브레인스토밍을 할 때 서로의 지식이 새로운 아이디어로 질적 변화를 거치는 것을 눈으로 확인할 수 있다는 것이다.

소여 교수는 이렇게 덧붙였다.

"가능한 한 모든 것을 배워라. 예를 들어 여러 개의 뮤직 프로젝트를 동시에 수행하는 것도 권할 만하다. 예기치 못한 새로운 아이디어를 얻을 수 있을 것이다."

나만의 창의력 발전소

소여 교수는 실생활에서 창의력을 기르기 위해서는 무엇보다도 실수를 두려워하지 말아야 한다고 강조했다. 사실 실수는 언제 어디서나 우리를 노리는 복병이다. 이 복병을 이겨내지 못하는 사람에게 창의성은 물 건너간 이야기다. 또 소여 교수는 일과 휴식의 효율성을 극대화할 것, 자신의 일을 사랑할 것, 자유롭게 토론할 것을 제안했다. 틀에 얽매이거나 스트레스를 받는 상황에서는 창의력이 나올 수 없다는 이야기다.

그는 업무 탁자보다는 목욕탕이나 침대, 버스 등에서 아이디어를 주로 얻는다고 한다.

"이처럼 의외의 장소에서 골머리를 앓던 문제가 한순간 해결되는 이유는 간단하다. 문제 해결에 골몰할 때와 휴식을 취할 때 사용하는 뇌의 영역이 다르기 때문이다. 즉 서로 다른 뇌 영역의 해결 능력에 차이가 있는 셈이다. 이들 장소에서 우연히 접한 정보가 잊고 있던 문제의 해결을 가능케 한다."

소여 교수는 창의적인 사람들의 공통점을 아이디어의 풍부함에서 찾았다.

창의력을 키우고 싶은가? 그렇다면 위에서 언급한 이야기들을 구체적으로 실행해보자. 그래도 무언가 꽉 막힌 느낌이 든다면, 이제 당신의 창가를 만들어 그를 통해 세계를 바라보자. 물론 그 창가가 어떤 모습인지는 각자 노력을 통해 찾아내야 한다는 점을 잊지 말기 바란다.

솔선

하루에 하나씩

최고를 넘어서라

타고난 재주를 제대로 꽃피우는 사람과
역량을 썩히고 마는 사람.
이들의 삶은 훗날 엄청난 격차를 보인다.

홀로

세상에는
크고 작은 길들이 너무나 많다.
그러나
도착지는 모두 다 같다.

말을 타고 갈 수도 있고, 차로 갈 수도 있고
둘이서, 아니면 셋이 갈 수도 있다.
그러나 마지막 한 걸음은
혼자서 가야 한다.

그러므로 아무리 어려운 일이라도
혼자서 하는 것보다
더 나은 지혜나
능력은 없다.

―헤르만 헤세

미국의 전설적인 스파이더맨 버슨 햄. 그가 맨손으로 엠파이어 스테이트빌딩 등반에 성공하자 고소공포증 치료연합회 회장이 편지를 보내왔다. 협회의 심리고문으로 초청하고 싶다는 것이 었다.

편지를 다 읽은 그는 회장에게 전화를 걸었다. 그러고는 "1042번 회원 정보를 한번 찾아보세요"라고 말했다. 회원 명부를 확인한 회장은 깜짝 놀랐다. 세계에서 가장 높은 빌딩 벽을 맨손으로 오르고, 기네스북 기록을 갈아치운 그가 과거에 심각한 고소공포증 환자였다니!

회장이 그의 성공 비결을 듣기 위해 집으로 찾아간 날, 94세 할머니가 기자들에게 둘러싸여 있었다. 그녀는 손자의 기네스북 기록을 축하하기 위해 100킬로미터를 쉬지 않고 걸어왔다고 했다. 그 할머니에 그 손자였다. 포기하지 않고 노력한 사람, 괴로움을 홀로 견뎌낸 사람에게 내려진 축복이었다.

헤르만 헤세의 표현처럼 세상에는 크고 작은 길이 너무나 많지만, 우리가 도착하는 곳은 모두 다 같다. 그 과정에서 우리는 '마지막 한 걸음은 / 혼자서 가야 한다'는 것과 '스스로를 위대하게 만드는 것은 결국 자기 자신'이라는 것을 깨닫게 된다.

직장에서도 개인의 창의력을 존중하고 키워줘야 한다고 얘기한다. 부하직원들은 그렇게 자신의 능력을 마음껏 발휘하도록 격려하고 이끌어주는 상사를 좋아한다. 어느 조직이나 마찬가지다. 타고난 재주를 제대로 꽃피우는 사람과 역량을 썩히고 마는 사람. 이들의 삶은 훗날 엄청난 격차를 보인다.

왜 모두들 우체부 프레드를 닮고 싶어 할까

여기 한 사람, 프레드라는 이름을 가진 우체부가 있다. 그는 성공한 CEO도 아니고 유명 스타도 아니다. 다른 우체부와 마찬가지로 매일 편지를 나를 뿐이다. 그런데 왜 사람들은 그를 닮고 싶다고 말하는 것일까? 세계적인 동기부여 전문가이자 베스트셀러 저자인 마크 샌번이 전하는 '우체부 프레드' 얘기를 들어보자. 이는 실화다.

샌번이 덴버의 워싱턴파크에 있는 낡은 집을 한 채 장만하고 얼마 지나지 않아서였다. 그 집으로 이사하고 며칠이 지났을까? 현관문을 두드리는 소리에 문을 열자 우체부가 서 있었다.

"안녕하세요, 샌번 씨. 저는 이 동네에 우편물을 배달하고 있습니다. 인사도 하고, 이웃이 된 것을 환영하고, 선생님이 어떤 일을 하시는지도 알 겸 이렇게 들렀습니다."

외모는 평범하기 그지없었지만 그에게서는 어딘지 모르게 성실함과 따뜻함이 묻어났다. 샌번은 기분이 좋아져서 농담조로 대답했다.

"컨설팅도 하고 강연도 하는데 진짜 직업은 없습니다."

"그러면 여행을 많이 하시겠군요?"

"그렇죠. 1년에 절반 정도는 밖으로 돌아다니니까요."

"그럼 선생님의 스케줄 표를 복사해주시겠습니까? 우편물을 따로 모아뒀다가 댁에 계실 때 한꺼번에 갖다 드리겠습니다."

"아니, 그냥 되는 대로 우편함에 넣어주세요."

"아닙니다. 잔뜩 쌓인 우편물은 도둑을 부르는 거나 마찬가집니다. 이렇게 하면 어떨까요? 작은 우편물만 넣고 큰 것은 현관문 아래로 밀어넣겠습니다. 더 이상 넣을 수 없으면 선생님이 돌아오시는 날까지 제가 보관하고 있겠습니다."

보름 뒤, 출장에서 돌아오니 현관 앞의 도어매트가 사라지고 없었다. '아니, 도둑이 이런 것까지 훔쳐가나?' 그런데 가만히 보니 도어매트가 베란다 아래에 있는 게 아닌가! 그걸 들어올리자 쪽지 한 장과 소포가 나왔다. 한 택배회사가 소포를 엉뚱한 집으로 배달했는데 우체부가 그걸 발견해서 집으로 갖다 놓고는 도난당할 것을 우려해 사람들 눈에 띄지 않는 곳에 두고 도어매트로 덮어둔 것이었다.

샌번은 큰 감동을 받았고, 미국 전역을 돌며 강연과 세미나를 할 때마다 우체부 프레드의 얘기를 들려줬다. 모두들 그에 관한 이야기를 좋아했다. 마침내 기업들은 '프레드상'을 제정, 서비스와 봉사 정신이 뛰어난 직원에게 그 상을 수여하기 시작했다.

당신도 프레드가 될 수 있다 - 네 가지 비밀

샌번은 프레드에게서 배울 수 있는 삶의 원칙을 네 가지로 요약했다. 이 네 가지를 관통하는 덕목은 "솔선해서, 즐겁게, 최선을 다해, 삶의 목적지를 향해 혼자 힘으로 헤쳐가는 것"이다. 그리고 이것이 "성공의 제1 요소"라는 것이다.

첫째, 매일 저녁 스스로에게 질문하라. 나는 어떤 사람인가? 오늘 나는 어떤 차이를 만들었는가? 대부분의 사람들이 우편배달을 단조롭고 고된 일로만 생각하지만 프레드는 다른 사람들의 삶을 더 즐겁고 행복하게 해줄 기회로 삼았다.

"조직이 얼마나 크고 비효율적인가는 중요하지 않다. 단 한 사람이라도 그 조직을 변화시킬 수 있다. 그리고 그 주인공은 당신일 수 있다. 일을 하다 보면 구성원들이 거둔 성과를 무시하고 뛰어난 성취까지 방해하는 사장이 있는가 하면, 직원을 잘 훈련시켜 예외적인 성과를 거두게 만들고 그에 따른 보상을 아끼지 않는 사장도 있다. 하지만 궁극적으로 가장 중요한 것은 상황에 상관없이 자기가 맡은 일을 최고로 해내겠다는 한 사람, 한 사람의 마음가짐이다."

둘째, 일보다 사람을 먼저 배려하라. 우체부의 역할은 우편함에 우편물을 넣는 것으로 끝나지만 프레드는 달랐다. '관계의 질'이 제품이나 서비스의 질을 결정한다는 것을 확실하게 보여줬다.

성공 비결의 85퍼센트가 인간관계에서 시작된다는 연구 보고서를 굳이 인용하지 않더라도 행복한 삶에서 인간관계는 매우 중요한 요소 중 하나다. 특히 하루의 대부분을 함께 보내는 직장에서의 인간관계는 아무리 강조해도 지나치지 않다. 그중에서도 사람의 마음을 따뜻하게 하고 서로를 믿을 수 있게 하는 '행복한 공감대'는 가장 큰 덕목이다.

그런 면에서 우체부 프레드는 우리 마음속의 황금을 빚어내는 행복의 연금술사다. 자신의 인생을 풍요롭게 만드는 '가치'를 창조하고 주변 사람들의 행복감을 높이는 '부가가치'까지 만들어낸 것이다. 여기에도 세부 지침은 있다. 몇 가지만 간추려보자. '당신 자신이 되는 데 최선을 다하라' '상대를 더 깊이 알려고 애써라' '훌륭한 경청자가 되어라' '공감대를 형성하라'.

셋째, 돈으로 승부하겠다는 생각은 버려라. 프레드가 보여준

세심한 배려와 고객을 위한 가치창조는 돈이 들지 않는 덕목이다. 게다가 그 스스로 느낀 만족은 아무리 많은 돈으로도 살 수 없는 인생의 에너지원이다.

"그가 돈 한 푼 들이지 않고 고객을 위한 가치를 창조해낸 것은 다른 우체부들에 비해 더 열심히, 더 창조적으로 생각했기 때문이다. 당신도 상상력으로 돈을 대신할 수 있다. 경쟁자보다 더 많이 쓴다고 성공하는 것은 아니다. 경쟁자보다 더 넓게, 더 깊이 생각하는 것이 중요하다."

넷째, 어제는 어제일 뿐 오늘은 새로운 날이다. 만사가 귀찮고 피곤한 날, 프레드를 떠올리면 의욕과 활기가 되살아날 것이다.

"우체부 프레드는 우편물을 배달하면서도 감동과 존경심을 불러일으키는 창의력과 열정을 보였는데 나라고 못할 이유가 어디 있겠는가. 프레드처럼, 아니 프레드보다 더 열정적으로 내일을 새롭게 시작하고 내 노력을 배가해보리라!"

새롭게 태어나는 과정에서 필요한 덕목은 이렇다. '당신의 가치를 높여라' '과거의 경험을 활용하라' '실행지수를 끌어올려라' '최고를 넘어서라' '하루에 하나씩 하라' '자신을 비교 대상으로 삼아라'.

커피 한 잔의 숨은 가치

샌번은 프레드를 만난 뒤 어떤 변화를 겪었을까.

어느 날 아침, 커피숍의 외부 테이블에 앉아 신문을 읽다가 줄지어 선 택시들 사이에서 한 기사가 차 밖으로 나와 기지개를 켜며 커피숍을 바라보는 것을 발견했다. 그 기사는 놀랍게도 연세 지긋한 부인이었다. 그는 그녀가 커피를 마시고 싶어 하는 것을 눈치채고 그 부인에게 다가가 "커피 한 잔 사다드릴까요?"라고 물었다.

"정말 그렇게 해주시겠어요?"

"어떻게 드시나요?"

"블랙이요."

그는 2달러 정도의 돈을 지불하고 커피를 한 잔 사서 그녀에게 갔고 잔돈을 찾느라 주머니를 뒤적이는 그녀에게 "커피 값은 제가 냈습니다"라고 말했다. 그녀의 얼굴에는 놀란 표정이 가득했다. 그는 그녀에게 미소로 답한 뒤 보던 신문을 다시 집어들고는 발걸음을 돌렸다.

"그 커피 값은 그날 가장 가치 있게 쓴 돈이었다. 나는 아주 작은 친절을 베풀었을 뿐이지만 한없이 큰 만족감을 얻었다. 그리고 나는 비로소 프레드를 헌신적이고 열정적으로 움직이게 만드는 원동력이 무엇인지를 깨달을 수 있었다."

그러면 이 같은 프레드들을 어떻게 발견하고 키워낼 수 있을까? 샌번은 프레드 이름의 알파벳을 따서 '찾아라(Find)' '보상하라(Reward)' '교육시켜라(Educate)' '본보기를 보여라(Demonstrate)'라고 조언한다.

프레드를 찾는 첫 번째 방법은 '프레드가 당신을 찾아오게 만드는' 것이다. 그다음은 '이미 함께 일하고 있는 동료의 숨은 재능을 알아내는' 것이다. 이것이 안 되면 외부에서 끌어들이는 수밖에 없다. '프레드를 채용하라-장차 프레드가 될 가능성이 있는 인물을 식별하고 데려오는 것도 능력이다.'

보상 방법에는 '성과를 눈에 띄게 인정하라' '원칙을 지켜라'

등이 있다. 교육 부문에서는 '언제 어디서든 모델 찾기를 게을리하지 마라' '밀어내지 말고 끌어당겨라' 등의 지침을 활용할 수 있다. 본보기를 보일 때 잊지 말 것은 '누구나 할 수 있는 예를 들어 영감을 주라' '솔선하라' 등이다.

자, 이제 당신은 프레드와의 만남에서 무엇을 배우고, 어떤 것을 확인하며, 궁극적으로 어떻게 달라질 것인가?

긍정

아름다운
프로의 조건

매순간 '그럼에도 불구하고'라는 말을 떠올리세요.
그 단어를 적용할 기회가 오면 절대 놓치지 말아야 합니다.
그거야말로 스스로를 프로로 만들기 위한 찬스이며,
프로의식을 키우기 위한 최고의 훈련이니까요.

위대한 역설

사람들은 종종 변덕스럽고 불합리하며
자기중심적이다.
그럼에도 그들을 용서하라.
네가 친절을 베풀면
이기적이거나 무슨 저의가 있을 거라고 탓할지 모른다.
그럼에도 친절하라.
네가 정직하고 솔직하면
사람들이 널 속일지도 모른다.
그럼에도 정직하고 솔직하라.
네가 오랫동안 쌓아올린 것을
누군가 하룻밤 새 무너뜨릴지도 모른다.
그럼에도 그것을 쌓아라.
네가 평온과 행복을 얻으면
그들은 시샘할지 모른다.

그럼에도 행복하라.

네가 오늘 한 선행을

사람들은 내일 잊어버릴 것이다.

그럼에도 선을 행하라.

네가 가진 최고의 것을 세상에 줘도

충분하지 않다고 할 것이다.

그럼에도 네 최고의 것을 세상에 주어라.

─켄트 M. 키스

‘침팬지의 어머니’라고 불리는 영국의 제인 구달 박사는 어린 시절부터 유독 동물을 좋아했다. 10세 무렵에는 ‘무모하게도’ 아프리카로 건너가 동물들과 함께 사는 삶을 꿈꾸기도 했다. 하지만 가난한 형편 때문에 고등학교만 겨우 졸업할 수 있었고, 대학 진학은 끝내 포기해야 했다. 게다가 당시는 2차 세계대전 직후라 사회 분위기도 매우 혼란스러웠다. 하지만 그녀는 멈추거나 절망하지 않았다.

23세가 되던 해, 드디어 케냐로 건너갈 기회가 생겼다. 고생물학자인 리키와 침팬지 연구를 시작하게 된 것이다. 그리고 3년 뒤에는 아예 탄자니아로 옮겨 국립공원에서 야생 침팬지들과 살다시피 했다. 그녀의 노력은 그야말로 눈물겨웠다. 연구 방법 또한 누구도 흉내 낼 수 없이 독특했다. 이렇게 8년이라는 긴 시간을 야생에서 살며 독보적인 연구 성과를 올린 그녀에게,

캠브리지대학교 대학원은 동물행동학 박사 학위를 수여했다. 고졸 학력의 처녀가 아프리카 대륙에서 일군 업적은 놀라웠다.

그녀가 처음부터 타고난 연구가였던 것은 아니다. 2003년 한국 방문 당시, 그녀는 자신이 어렸을 때 '독수리와 굴뚝새' 이야기를 제일 좋아했다고 말했다. 이 우화는 새들의 높이 날기 경주 이야기다. 힘센 독수리는 당연히 승리를 확신하고 다른 새들을 지나쳐 더 이상 높이 날 수 없는 데까지 날아올랐다. 그렇게 승리의 순간을 만끽하는 순간, 갑자기 독수리 등의 깃털 속에 숨어 있던 작은 굴뚝새 한 마리가 그 위로 날아오르는 게 아닌가. 구달은 자신이야말로 '독수리 등 뒤에 숨어 있는 존재'라고 표현했다. 가난 때문에 꿈을 접을 뻔한 상황에서도 '그럼에도 불구하고'의 정신을 발휘해 마침내 독수리보다 더 높은 곳에 오른 굴뚝새가 된 것이다.

힘들기 짝이 없는 아프리카의 현지 사정도 그녀에게는 '그럼에도 불구하고'에 불과했다. 그녀는 침팬지를 연구하면서 늘 인간에 대해 생각했다. 침팬지들의 싸움을 보며 그녀는 오직 인간만이 의도적으로 다른 생물에게 고통을 주는 종이라는 생각에 수없이 낙담했다. 그러면서도 인간이야말로 다른 어떤 생물보다 본능을 조절할 줄 안다는 점에서 희망을 찾았다.

연구 도중 부룬디에서 종족 간 싸움으로 대량 학살이 일어났을 때도, 탄자니아 국립공원에서 연구 활동을 하던 네 명의 학생이 납치됐을 때도, 그녀는 희망을 잃지 않았다. '그럼에도 불구하고'의 빛은 상황이 어려울수록 더 밝아지기 때문이다. 그녀는 희망만 잃지 않는다면 무엇이든 해결할 수 있다고 생각했다. 그리고 "뿌리와 새싹(Roots and Shoots) 운동을 통해 어린 학생들에게 자연과 동물을 사랑하고 서로를 존중하도록 가르치는 것도 바로 희망 때문"이라고 고백했다. 이처럼 '그럼에도 불구하고'라는 말은 수많은 '긍정과 희망의 그루터기'이자 '부정과 절망의 벽을 넘는 담쟁이 넝쿨'이다.

아름다운 프로가 되는 길

'태클 코치' 류석우 씨의 코칭 사례를 다시 한번 보자. 어느 날 과장 승진 심사에서 두 번이나 떨어진 7년차 대리가 그에게 이렇게 하소연했다.

"이번엔 틀림없다고 아내에게 큰소리 떵떵 쳐놨는데, 이젠 퇴사를 해야 하는 건지 아닌지 판단이 안 섭니다. 저희 회사는 동기들 간의 경쟁이 치열한 편입니다. 입사 후 지금까지 정말 열심히 했는데 회사가 나를 인정해주지 않아 화가 납니다. 제가 더 열심히 하려 해도 태클이 한두 가지가 아니에요. 부장님이 술을 좋아해서 밤늦도록 같이 마셔야 하고, 다른 부서 업무까지 종종 넘어오는 바람에 제 고유 업무에 집중하기도 힘들어요. 회사에서 인정받고 빨리 승진하는 법, 뭐 이런 노하우 없을까요? 대체 제가 어떤 사람이 되어야 가능한 거죠?"

이에 대한 코치의 대답이 절묘하다.

"마지막에 하신 질문 참 좋아요. '어떤 사람이 되어야'라는 부분 말이죠. 물론 어떤 목적을 갖고 하신 질문이겠지만 저는 이렇게 답해주고 싶군요. 아름다운 사람이 되라고 말이에요. 그 사람의 이름은 '프로(professional)'입니다."

그러면서 그는 '아름다운 프로가 되는 길'을 알려주기 시작했다.

"프로는 말 그대로 프로의식을 가진 사람입니다. '프로'는 전문가를 뜻하고, '의식'은 깨어 있는 상태에서 자기 자신이나 사물에 대해 인식하는 작용을 말하죠. 즉, 프로의식이란 '자기 자신을 전문가로 인식하는 상태'를 말해요. 프로는 그 분야에서 일을 특출하게 잘할 뿐만 아니라 아름다운 의식을 겸비한 사람이기도 합니다. 프로의식을 가진 사람은 자세부터 다르죠. 이는 자아도취가 아니라 타인이 자신을 진정한 전문가로 인식할 수 있도록 스스로를 인지하는 그릇이 크다는 뜻이에요."

그 대목에서 그는 한 중소기업 경영자와 식사를 하면서 어떻게 하면 리더가 될 만한 인재를 찾을 수 있는지를 물었던 일화를 들려주었다. 인재 발탁이야말로 리더의 역할이라는 점에서 노하우를 배우려고 물어봤는데 의외로 대답이 간단했다는 것이다.

"'그럼에도 불구하고'라는 단어를 그 사람에게 적용해보면 됩니다. 그러면 그 사람이 프로인지 아마추어인지 알 수 있거든요."

이 얘길 하면서 그는 프로와 아마추어의 차이를 명확하게 정리했다. 프로는 '그럼에도 불구하고'를 자주 쓰고, 아마추어는 '그렇기 때문에'를 주무기로 사용한다는 것이다. 여기서 그가 정리하는 아마추어와 프로의 차이가 재미있다.

어제 회식자리에서 술을 많이 마셔서
그렇기 때문에 vs. 그럼에도 불구하고

몸이 별로 안 좋아서
그렇기 때문에 vs. 그럼에도 불구하고

퇴근시간이 다가와서
그렇기 때문에 vs. 그럼에도 불구하고

저 사람이 내 성격에 안 맞아서
그렇기 때문에 vs. 그럼에도 불구하고

이 일은 내 담당이 아니라서
그렇기 때문에 vs. 그럼에도 불구하고

시간이 없어서
그렇기 때문에 vs. 그럼에도 불구하고

그 정도 해도 별 문제가 없어서

그렇기 때문에 vs. 그럼에도 불구하고

그렇게 하면 손해 볼 텐데

그렇기 때문에 vs. 그럼에도 불구하고

나는 직위가 높은 사람인데

그렇기 때문에 vs. 그럼에도 불구하고

"자, 이제 아마추어와 프로의 차이가 확연히 느껴지시죠? '그렇기 때문에'와 '그럼에도 불구하고'의 차이는, 인생행로 자체가 달라질 수도 있는 차이입니다. 데일 카네기는 '현재 상태에 대해 자기 연민에 빠지는 것은 에너지 낭비일 뿐 아니라 최악의 습관이다'라고 했어요. '그렇기 때문에'를 입버릇처럼 달고 사는 이들을 겨냥한 말이죠."

그는 또 "프로는 프로를 알아보게 되어 있다"면서 "바로 그점 때문에 스스로 프로의식을 가지고 자신을 가꿔나가는 사람은 타인의 덕을 입고 성공할 가능성이 높다"고 일러주었다.

"그러니 매순간 '그럼에도 불구하고'라는 말을 떠올리세요. 그 단어를 적용할 기회가 오면 절대 놓치지 말아야 합니다. 그 거야말로 스스로를 프로로 만들기 위한 찬스이며 프로의식을 키우기 위한 최고의 훈련이니까요."

용기

평온한 바다는
유능한 뱃사람을 만들 수 없다

성공도 우연이 아니고, 실패도 우연이 아니다.
성공하는 사람은 성공에 이르는 무언가를 하고 있는 사람이고,
실패한 사람은 그 일을 하는 데 실패한 사람이다.

실패할 수 있는 용기

눈부신 아침은
하루에 두 번 오지 않습니다.
찬란한 그대 젊음도
일생에 두 번 다시 오지 않습니다.

어질머리 사랑도
높푸른 꿈과 이상도
몸부림친 고뇌와 보석과 같은 눈물의 가슴앓이로
무수히 불 밝힌 밤을 거쳐서야 빛이 납니다.

젊음은 용기입니다.
실패를 겁내지 않는
실패도 할 수 있는 용기도
오롯 그대 젊음의 것입니다.

— 유안진

"시도한 모든 일에서 나는 실패와, 실패와, 실패를 경험했다. 나는 거기에서 좌절과 실망, 일시적 실패는 숨을 들이쉬고 내쉬는 것만큼 자연스러운 일이라는 걸 배웠다. 나는 학교에서 실패했고, 수많은 직업에서 적어도 처음에는 실패했다. 세일즈맨이됐을 때 수백 번의 실패를 경험했고, 경영진이 되어서도 끝없는실수를 저질렀다. 나는 성공하기 전에 내 인생의 모든 단계에서실패하고 또 실패했다."

성공학의 대가로 불리는 브라이언 트레이시가 털어놓은 이야기다. 그는 '실패학'을 '성공학'의 지렛대로 활용한 사람이었다. 그가 거친 직업만 스물두 개가 넘었다. 하지만 그는 쓰라린 인생의 변곡점마다 실패의 눈물 속에서 성공의 꽃망울을 피워올렸다.

캐나다 동부의 한 섬에서 태어난 그는 가난 때문에 고등학교를 중퇴하고 곧바로 밑바닥 생활로 뛰어들었다. 접시닦이를 시작으로 벌목공, 주유소 점원, 화물선 잡역부 등을 전전했다. 끼니는 아무렇게나 때우고, 밤이 되면 낡은 중고차에서 새우잠을 잤다. 그야말로 성공은 꿈조차 꿀 수 없는 인생이었다. 그러다가 세일즈맨이 돼서 일당을 받고 싶다는 생각으로 영업에 뛰어들었다. 하지만 워낙 애송이였던지라 실적은 쥐꼬리 수준이었다. 생활도 나아질 리 없었다. 그나마 이제는 중고차 대신 싸구려 모텔에서 잘 수 있다는 게 다행이었다.

곰곰이 생각하던 그는 어느 날, 종이 한 장을 펼쳤다. 그리곤 그 위에 자신의 목표를 하나씩 써 내려가기 시작했다.

첫 번째 목표는 "방문 판매를 통해 한 달에 1천 달러씩 번다"였다.

한 달 후 그의 인생이 바뀌었다. 판매 실적이 놀라울 정도로 급상승한 것이다. 마침내 그는 매달 1천 달러의 월급을 받으며 판매 사원들을 교육하는 일을 맡게 되었다.

이후에도 실패할 때마다 그는 종이를 펼쳐놓고 새로운 목표들을 적은 다음 구체적인 방법을 찾는 일을 반복했다. 이것이 바로 세계적인 '브라이언 트레이시 목표설정 기법'이다. 그는 지금도 이렇게 말한다.

"성공도 우연이 아니고, 실패도 우연이 아니다. 성공하는 사람은 성공에 이르는 무언가를 하고 있는 사람이고, 실패한 사람은 그 일을 하는 데 실패한 사람이다."

용기는 두려움에 대한 극복이다.

용기란 마지막 1퍼센트의 힘

유명한 지식생태학자인 유영만 한양대 교수도 브라이언 트레이시 못지않은 험난한 삶을 살았다. 형편이 어려워 공업고등학교를 다녔고, 대학도 독학으로 마쳤다. 졸업 후에는 미국으로 건너가 접시닦이와 잡역부로 일하며 박사학위를 받았다. 그리고 삼성인력개발원에서 변화와 성장 프로그램을 기획하며 현장 경험을 쌓은 뒤 모교의 교수가 됐다.

그는 "생(生)은 소(牛)가 외나무다리(一) 위를 건너는 것과 같다. 용기 있게 다리 위에 올라서서 참된 삶(生)을 향해 도전할 것인가, 머뭇거리다 그냥 주저앉고 말 것인가"라고 말한다. 용기야말로 미래를 잃은 사람이나 변화를 꿈꾸는 사람들에게 큰 에너지가 된다는 것이다. 그의 책 『용기』에 이런 대목이 나온다.

"우리가 저지를 수 있는 가장 치명적인 실수는, 실수할까봐 시도조차 하지 않는 거라네."

이는 실패만 거듭하는 소심한 샐러리맨에게 그의 스승이 해준 말이다. 주인공은 위기에 몰린 혁신 프로젝트 팀의 말단 사원으로, 병석의 부모를 책임져야 하고 첫사랑 상대에게도 속마음을 표현하지 못하는 소심한 사람이었다. 그렇게 매사 패배감에 짓눌려 지내던 차에 지푸라기라도 붙잡는 심정으로 대학 시절 은사를 찾아간 것이다. 은사는 그에게 위에서 말한 생(生)이라는 한자의 얘기와 함께 인생의 어려움은 건너야 할 '외나무다리'를 회피하기 때문에 생기는 것이니 용기를 내서 당당히 건너가라는 조언을 주었다.

유영만 교수는 이 이야기를 들려주며 "용기란 마지막 1퍼센트의 힘"이라고 말한다.

"물이 부글부글 끓고 있을 때는 정말 뜨겁고 대단해 보입니다. 누구나 그렇게 뜨거운 열정과 파워 넘치는 삶을 원하지요.

그런데 정작 1퍼센트의 소중함은 잘 모르는 것 같습니다. 용기란 거창한 게 아니지요. 하루 한 알의 비타민이 평생 건강을 지켜주듯 일상에서 작은 도전을 멈추지 않고 계속 나아간다면 '1퍼센트의 용기'는 저절로 만들어질 것입니다. 오늘 여러분은 용기 있는 삶을 위해 무엇을 준비하고 실천하고 있습니까?"

노력

덜 후회하고
더 행동하라

노력하지 않는 이에게는

어떤 결실도 기회도 다가오지 않는다.

아름다운 정원을 갖기 위해서는

허리 굽혀 땅을 파야 한다.

수확과 장미꽃

규모가 작든 크든
온갖 꽃들이 피어나는
정원을 갖고 싶다면
허리 굽혀 땅을 파야 한다.

원한다고 해서 그냥 얻어지는 건
이 세상에 없으니,
우리가 원하는 그 어떤 가치 있는 것도
반드시 노력해서 얻어야 한다.

그대가 무엇을 추구하든지 간에
그 속에 감춰진 원리를 생각하라.
수확이나 장미꽃을 얻기 위해서는
누구나 끊임없이 흙을 파야만 한다.

—에드가 게스트

봄에 씨앗을 뿌리지 않은 농부는 가을이 돼도 거두어들일 곡식이 없다. 노력하지 않는 이에게는 어떤 결실도 기회도 다가오지 않는다. '아름다운 정원'을 갖기 위해서는 '허리 굽혀 땅을 파야' 한다. 우리는 수없이 많은 것들을 소망하지만, 단지 '바라는 것'만으로는 얻을 수 없다. '소망'이라는 이름의 자전거는 끊임없는 '노력'의 페달을 밟아야 굴러가기 때문이다.

모두들 아침에 출근할 때 '혹시, 오늘은 좀 나아지려나……' 하고 기대를 품었다가 저녁 퇴근길에는 '역시, 내 복에 무슨……' 하며 의기소침했던 경험이 있을 것이다. 이런 식의 소망은 바람 빠진 바퀴가 달린 자전거를 타고 길을 나선 것과 다름없다. 그러니 체인에 기름칠을 했을 리도 없다. 페달 밟는 일마저 마다하고 그냥 자전거가 앞으로 나아가주기만 바라는 셈이다.

많은 이들이 시도해보지도 않고 미리 포기한다. 상사가 심드렁할 것 같아서, 내가 나서지 않아도 누군가 할 것 같아서, 지금 하고 있는 일도 많은데 괜히 시간만 뺏길 것 같아서, 그냥 있어도 때 되면 월급은 나오니까 하는 식으로 말이다.

시인이자 기자인 에드가 게스트는 자신의 소망을 '목표'로 바꾸고 쉼 없는 노력의 페달을 밟았다. 그는 「사람들은 그것이 불가능하다고 말하지」에서 이렇게 노래했다.

누군가 그런 일은 불가능하다고 말했지.

하지만 그는 끌끌 웃으면서 대답했어.

"그럴지도 모르죠."

스스로 해보기 전에는 알 수 없는 법.

그는 싱긋 웃으며 덤벼들었지.

걱정하는 기색조차 없었어.

노래를 부르며 남들이 할 수 없다던 일과 씨름했고,

결국 그 일을 해냈지.

누군가 비웃었어.

"아무도 한 적이 없는 일을 네가 한다고?"

하지만 그는 소매를 걷어붙였지.

그리고 시작했어.

턱을 치켜들고 미소를 지으며,

어떤 의심도 변명도 하지 않고

노래를 부르면서 할 수 없다는 그 일과 씨름했고

결국 그 일을 해냈지.

많은 사람들이 말하지. 그 일은 불가능하다고.

많은 사람들이 실패를 예언해.

그들은 또 말하지. 온갖 위험이 도사리고 있다고.

하지만 싱긋 웃고 덤벼들어봐.

소매를 걷어붙이고 달려들어봐.

노래를 부르면서 불가능하다는 그 일과 씨름해봐.

결국은 해낼 테니까.

우리가 하는 많은 일들이 그렇다. 스페인 바르셀로나의 사그라다 파밀리아 대성당을 설계한 안토니오 가우디는 "즉흥곡은 결코 즉흥적으로 만들어진 작품이 아니다. 영감은 노력하지 않고 나오는 것이 아니라, 힘겨운 노력 끝에 생성되기 때문이다"라고 말했다.

의심이나 변명을 잠재우고 소매를 걷어붙인 채 '불가능하다는 그 일'과 씨름할 때, 우리는 '결국 해내'게 된다. 여차하면 핑계를 대고 뺀질거리는 사람과 '누군가 비웃더라도 턱을 치켜들고 미소를 지으며' 일을 찾아서 하는 사람의 미래는 다를 수밖에 없다.

바위를 뚫은 화살

이상국 시인의 「있는 힘을 다해」라는 시를 보면 해질 무렵 왜가리 한 마리가 우아한 목을 길게 빼고 아주 오래 숨을 죽였다가 있는 힘을 다해 물속에 부리를 박는 장면이 등장한다. 끝부분에 '사는 게 다 쉬운 일이 아닌 모양이다'라는 구절이 나오는데, 그것이 그렇게 마음을 칠 수 없다.

이왕 해야 할 일이라면 죽기 살기로 하자. 그냥 해내는 것과 노력을 다해 하는 것의 결과는 다를 수밖에 없다. 몰입하는 사람은 표정부터 다르다. 마음가짐이 다르고 자세가 다르기 때문이다. 자신의 핵심역량을 한 곳에 집중하면 안 되는 일이 없다.

중국 한(漢) 나라 때 이광이라는 명장이 있었다. 그는 본래부터 궁술이 뛰어난 집안에서 태어났다. 어느 날 사냥을 나섰다가 길을 잃었는데 풀숲에서 커다란 호랑이가 자신을 노려보고 있는 것이 아닌가. 깜짝 놀란 그는 온몸의 신경을 집중해 호랑이를 향해 활시위를 당겼다. 그러나 화살을 맞은 호랑이는 꿈쩍도 하지 않았다. 어찌 된 일인가. 그는 천천히 호랑이를 향해 다가 갔다. 가보니 그것은 호랑이가 아니라 호랑이 모양의 바위였다. 놀랍게도 화살은 그 바위에 턱하니 박혀 있었다. 정신을 가다듬고 다시 한 번 바위를 향해 화살을 쏘았지만 화살은 튕겨나가 부러졌다. 그는 집에 돌아와 양자운이란 이에게 이 사실을 말했다. 그랬더니 이런 대답이 돌아왔다.

"…… 쇠붙이나 돌덩이라도 능히 뚫을 수 있다네."

노력하는 삶을 '왜가리의 저녁 식사'로 그린 동양의 시인과 '정원의 장미' 이미지로 그린 서양 시인은 눈썰미가 사뭇 다르다. 쉽게 말해 '사는 게 다 쉽지 않다'는 얘기를 하면서도 한 사람은 '생존'이라는 코드를, 또 한 사람은 '노력'이라는 코드를 보여주고 있다. 사실 우리가 사는 21세기는 '생존 코드'에 더 가깝다. 뭘 해도 그냥이 아니라 불광불급의 열정으로 임해야 한다. 미치지 않으면 최고의 경지에 다다를 수 없다는 의미다.

'왜가리의 저녁 식사'처럼

'펀(fun) 경영'으로 일약 스타가 된 진수 테리도 처음부터 성공한 사람은 아니었다. 그녀는 20년 전 한국에서 의류업을 하다가 미국으로 건너가 7년 동안 열심히 일했다. 그런데 어느 날 갑자기 해고를 당했다. 어이가 없고 분해서 도저히 잠을 이룰 수 없었다. 참다못해 직장 상사에게 전화를 걸어 해고 이유를 물었다. 그러자 상사는 이렇게 대답했다.

"당신이 해고당한 건 인종차별 때문이 아니에요. 엔지니어로서 일도 잘하고 학벌도 좋지만 너무 잘하려고 늘 긴장해 있어서 얼굴에서 미소를 볼 수가 없습니다. 그래서 아랫사람들이 당신을 따르지 않았죠. 그게 문제였습니다."

상사의 말에 충격을 받은 그녀는 결국 새로운 도전에 나섰다.

표정을 부드럽게 바꾸기 위해 온갖 노력을 다했다. 거울을 보고 날마다 웃는 연습을 하고 근육 마사지까지 하면서 미소 띤 얼굴, 친근한 표정을 만들기 위해 안간힘을 썼다. 그렇게 몇 달이 지나자 무표정하던 얼굴이 다양한 표정을 뿜어내기 시작했다. 국제 비즈니스 무대에서 승리할 수 있을 것 같은 자신감까지 솟구쳤다.

그녀는 남다른 노력으로 위기를 기회로 바꾸면서 긍정적인 마인드의 힘을 온몸으로 체득했고, 마침내 나쁜 일도 좋은 방향으로 돌릴 수 있었다. 냉엄한 고용 관계가 일반적인 미국 사회에서 해고라는 '독약'을 마시고도 이를 '보약'으로 전환시킨 것이다. 그 힘은 바로 그녀의 자기혁신의 힘과 특별한 열정에서 비롯되었다.

이후 그녀는 강연 때마다 일반 미국 스피치 강사들의 두 배인 시간당 1만 달러를 받았다. "왜 당신은 두 배를 받느냐?"고 물으면, "나는 서양의 비즈니스를 잘 알 뿐만 아니라 동양의 비즈니스에도 탁월하므로 두 배를 받는 게 당연하다"고 말한다. 그러면 주최 측에서도 "그 말이 맞다"며 주저 없이 두 배를 준다고 한다.

　이쯤 되면 "나도 즐겁고, 주변 사람도 즐거운 웃음의 문을 열 때 성공은 절로 온다"는 펀 경영의 비밀을 알 것 같다. 그것은 곧 뼈를 깎는 자기계발의 땀 속에서 피워낸 '장미의 결실'이자 오랫동안 숨죽였다 있는 힘을 다하는 '왜가리의 저녁 식사'와 같다.

모험

완벽주의자보다 경험주의자가 되라

어느 길을 갈지는 당신이 어디로 가고 싶은가에 달려 있다.

무엇이든 좋으니 긍정적이고 적극적으로 시도해보자.

작은 실패가 모여 큰 성공을 이룬다.

초보자에게 주는 조언

시작하라. 다시 또 다시 시작하라.

모든 것을 한 입씩 물어뜯어 보라.

또 가끔 도보 여행을 떠나라.

자신에게 휘파람 부는 법을 가르쳐라. 거짓말도 배우고.

나이를 먹을수록 사람들은 너 자신의 이야기를

듣고 싶어 할 것이다. 그 이야기를 만들라.

돌들에게도 말을 걸고

달빛 아래 바다에서 헤엄도 쳐라.

죽는 법을 배워두라.

빗속을 나체로 달려보라.

일어나야 할 모든 일은 일어날 것이고

그 일들로부터 우리를 보호해줄 것은 아무것도 없다.

흐르는 물 위에 가만히 누워 있어보라.
그리고 아침에는 빵 대신 시를 먹으라.
완벽주의자가 되려 하지 말고
경험주의자가 되라.

— 앨렌 코트

'완벽주의자가 되려 하지 말고 경험주의자가 되라'는 지침은 삶의 초보자에게만 해당되는 게 아니다. 우리의 아침, 생의 첫날마다 되새겨야 할 삶의 이정표다.

영국의 문학평론가 시릴 코널리는 "삶은 몇 번이고 엉뚱한 방향을 헤매다가 겨우 올바른 방향을 찾는 미로와 같다"고 했다. 그러니 '일어나야 할 모든 일'을 겁낼 이유가 없다. 문제는 '경험의 스승'을 만나지 못하고 '완벽주의라는 노예'에 끌려다니는 데 있다.

스위스 취리히 대학의 페트라 비르츠 박사 팀이 「완벽주의자는 건강을 해칠 가능성이 높다」는 논문을 발표한 적이 있다. 실제로 자신의 잘못에 지나치게 엄격한 사람은 스트레스 호르몬 분비량이 많아 심리적으로나 사회적으로나 훨씬 예민하고, 그로 인해 건강을 해친다. 50명의 스위스 중년 남성을 조사해본 결과, 이들은 일반인보다 스트레스 호르몬인 코르티솔의 수준이 더 높고 쉽게 피로를 느끼며 신경질적이고 의기소침한 양상을 보였다. 나이와 명성에 따라다니는 사회적 압박의 결과였다. 즉 '완벽'이 사람 잡는 '독'이 된다는 얘기다.

경험은 최고의 재산이다

이에 비해 경험주의자들만이 가질 수 있는 '빛나는 인생'을 가꾸는 사람들도 있다. 대표적인 인물이 버진 그룹의 리처드 브랜슨 회장이다. 그에게는 '모범생과는 거리가 먼 고교 중퇴의 CEO' '문어발식 확장으로 360여 개 회사를 보유한 CEO' '목숨 건 모험을 즐기는 괴짜 CEO' 등 수많은 수식어가 따라다닌다.

리처드 브랜스 회장은 어릴 때부터 선천성 난독증에 시달렸다. 학교 성적도 형편없었다. 결국 16세에 학업을 포기했다. 그러다 학생잡지 『스튜던트』를 발간하면서 많은 젊은이들이 음악에 많은 시간과 돈을 쓰고 있음을 깨닫고 21세에 동료와 우편으로 음반을 할인 판매하는 버진 레코드를 설립해 큰돈을 벌었다. 그리고 이를 기반으로 사업을 확대해나가기 시작했다.

그가 처음 비행기 한 대로 항공 사업을 시작했을 때, 주위에서는 격렬하게 반대했다. 세계적인 브리티시항공이 버티고 있어 승산이 없다는 이유였다. 그러나 탁월한 서비스만 제공할 수 있다면 브리티시항공을 이길 수 있다고 그는 믿었다.

과연 버진항공의 서비스는 파격적이었다. 일등석을 없애고 중간 요금을 고수하면서도 서비스는 일등석 수준으로 제공했다. 비행기 안에서 영화와 게임은 물론이고 목욕과 미용까지 가능했다. 이에 감동한 승객들이 버진의 홍보 전도사가 되면서, 버진항공은 영국 제2의 항공사로 급성장했다.

그는 브랜드의 중요성을 잘 아는 경영자였다. 『타임』지로부터 "브랜슨은 이미지의 마법사, 버진은 롤스로이스 이래 영국 최고의 브랜드"라는 찬사를 받을 만했다. 그는 가장 먼저 도전과 모험 등을 내세우는 경험주의 철학을 기업 브랜드에 접목시켰다. 그가 버진콜라를 출시하면서 미국의 상징인 코카콜라를 누르겠다는 의지로 뉴욕 한복판에서 탱크로 코카콜라 간판에 대포를 쏜 이벤트는 아직도 유명한 일화로 남아 있다. 그는 일본에서 캐나다까지 열기구를 타고 가다가 죽을 고비를 넘기기도 했다.

이 같은 그의 도전은 바이오와 우주여행 분야까지 지금도 끝없이 펼쳐지고 있다. 지구온난화를 방지하기 위해 재산의 절반인 30억 달러를 10년간 기부하겠다고 발표해 세상을 깜짝 놀라게 하는가 하면, 루게릭병에 걸린 천재 물리학자 스티븐 호킹 박사의 우주여행을 지원해 또 한 번 세계인의 이목을 집중시켰다.

호킹 박사는 미국 플로리다 주 케이프커내버럴에 있는 케네디 우주센터에서 훈련 중 놀라운 무중력 곡예를 선보여 '체조 금메달감 몸 뒤집기 묘기'라는 찬사를 들었다. 호킹 박사가 버진갤럭틱의 우주여행 상품을 이용하는 데 드는 비용은 10만 파운드, 우리 돈으로 약 1억 8천만 원이다. 브랜슨은 이마저도 즐거이 내놓음으로써 스스로가 '경험주의자'의 지존임을 명쾌하게 증명했다.

작은 실패가 모여 큰 성공을 이룬다

『이상한 나라의 앨리스』를 쓴 루이스 캐롤은 "어느 길을 갈지는 당신이 어디로 가고 싶은가에 달려 있다"고 말한 바 있다. 혹시 우리는 '완벽주의'라는 족쇄에 갇혀 스스로를 옥죄고 있지는 않은가, 뭔가를 하기도 전에 '조금이라도 잘못되면 어쩌나' 지레 포기하지는 않는가.

　무엇이든 좋으니 긍정적이고 적극적으로 시도해보자. 작은 실패가 모여 큰 성공을 이룬다고 했으니, 뭐 특별히 손해볼 것도 없다. 일단 '경험주의'를 즐겨보는 것이다. 90세 이상의 미국 노인들에게 "지난 인생을 돌아보았을 때 가장 후회가 남는 게 무엇인가?"라고 묻자 90퍼센트가 "좀 더 모험을 해보았더라면 좋았을 것"이라고 대답했다고 한다. 하물며 '푸른 청춘의 한 시기'를 건너고 있는 지금에야 무슨 말이 더 필요할까.

세 번째 자기창조

시간을 다스리는
사람이
세상을 지배한다

날마다 허비한 20분이 달맞이꽃에게는 한 생이구나 _시간

얼음장 밑에서도 고기는 헤엄치고 _희망

평범한 하루가 모여 위대한 삶을 이룬다 _일상

아름다운 후반전 _2막

멀리 가는 사람은 천천히 걷는다 _인생

일꾼은 많은데 손이 모자라… _인재

날마다 허비한 20분이

달맞이꽃에게는 한 생이구나

인간은 항상 시간이 모자란다고 불평하면서

마치 시간이 무한정 있는 것처럼 행동한다.

20분

아침 출근길에
붐비는 지하철
막히는 도로에서 짜증날 때
20분만 먼저 나섰어도……
날마다 후회하지만
하루에 20분 앞당기는 일이
어디 그리 쉽던가요.

가장 더운 여름날 저녁
시간에 쫓기는 사람들과
사람에 쫓기는 자동차들이
노랗게 달궈놓은 길 옆에 앉아
꽃 피는 모습 들여다보면

어스름 달빛에 찾아올
박각시나방 기다리며
봉오리 벙그는 데 17분
꽃잎 활짝 피는 데 3분

날마다 허비한 20분이
달맞이꽃에게는 한 생이었구나.

―고두현

누구나 1년에 한 살씩 나이를 먹는다. 1년은 지구가 태양을 한 바퀴 도는 데 걸리는 시간이다. 반면 천왕성은 태양을 한 바퀴 도는 데 84년이 걸린다. 인간의 평균수명을 감안할 때 우리의 일생은 천왕성의 1년과 같다. 우리 삶을 먼 우주의 행성과 비교하는 게 실감나지 않는다면 길가에 핀 달맞이꽃을 보라. 달맞이꽃에게는 20분이 한 생이다.

이처럼 시간의 의미는 바라보는 방향에 따라 다르다. 그래서 심오하다. 우리의 인생은 한 번밖에 없고, 연습할 수도, 몇 번씩 반복할 수도 없는 일회성의 시간이다. 그럼에도 우리는 날마다 허둥대며 살아간다.

마음 단단히 먹고 하루에 20분만 아껴보자. 사흘이면 한 시간, 한 달이면 열 시간을 벌 수 있다. 1년으로 치면 120시간이 된다. 120시간은 온전한 5일이다. 남들은 1년에 365일을 쓰지만, 나는 370일을 살 수 있다. 사실, 하루에 허비하는 시간이 어디 20분뿐이겠는가. 아무 생각 없이 흘려보내는 자투리 시간이 매일 두 시간은 될 것이다. 그 시간을 유익하게 쓴다면, 1년에 한 달을 버는 것도 가능하다.

24시간은 누구에게나 공평하게 주어지는 하루의 시간이다. 시간을 지배하는 사람이 세계를 지배하고, 자신의 운명까지 지배할 수 있다고 했다. 실제로 성공한 사람들은 단 한 시간도 헛되게 보내지 않았다. 물론 시간을 관리한다는 것이 쉬운 일은 아니다. 그래서 '벼락이론'이라는 것까지 등장했다.

"한 달 후 벼락에 맞아 죽을 운명이라면, 우리는 그 남은 한 달을 어떻게 보낼 것인가?"

이 말을 듣고 나면 낭비할 시간이 조금도 없다는 것을 금방 깨닫게 된다. 업무에서도 마찬가지다. 어떤 일을 그냥 열심히 하는 것과 일의 시작과 끝을 알고 하는 것은 아주 다르다. 목표를 세우고 달성하는 데 똑같은 원리를 적용할 수 있다. 예를 들어 '1년 안에 영어를 마스터한다'는 목표를 잡았다 치자. 1년이나 되니 누구나 게으름을 피우기 쉽다. 그러다가 연말이 되어

해놓은 게 별로 없음을 깨닫고 나면 초조해진다.

이럴 때 전문가들이 권하는 것이 있다. 바로 '엘리펀트 테크닉'이다. 코끼리처럼 큰 목표는 멀리 있을 때는 작아 보인다. 그렇지만 한 번에 잡아먹는 것은 불가능하다. 하지만 오늘 얼마, 내일 얼마, 이런 식으로 매일 조금씩 잘라 먹으면 결국 한 마리를 다 먹을 수 있다는 뜻이다.

1년에 영어 단어 2,400개를 외워야 한다면 처음부터 의욕이 꺾인다. 그러나 엘리펀트 테크닉을 활용하면 하루에 7개만 외우면 된다. 하루 7개는 지하철 안에서도 충분히 가능하다. 2,400개라는 코끼리를 하루에 7개씩 잘라 먹으면 되는 것이다.

당신의 삶이 15분이라면

생명이 15분밖에 남지 않은 한 젊은이를 주인공으로 한 「단지 15분」이라는 연극작품이 있다. 주인공은 어려서부터 총명했다. 뛰어난 성적으로 박사 과정을 수료하고 논문 심사에서도 극찬을 받았다. 이제 학위만 받으면 되는 그의 앞날은 장밋빛 그 자체다.

그러던 어느 날, 그는 가슴에 심한 통증을 느꼈다. 정밀검사 결과 시한부라는 청천벽력 같은 진단이 떨어졌다. 그것도 남은 시간이 단지 15분이라는 것. 그는 망연자실했다. 이 모든 상황이 믿겨지지 않았다. 그렇게 5분이 지나갔다. 이제 남아 있는 인생은 10분.

이때 그가 누워 있는 병실에 한 통의 전보가 날아들었다. "억만장자였던 당신의 삼촌이 방금 돌아가셨습니다. 그의 재산을 상속할 사람은 당신뿐이니 속히 상속 절차를 밟아주십시오."

그러나 죽음을 앞둔 그에게는 아무 소용이 없었다. 그렇게 운명의 시간은 또다시 줄어들었다. 그때 또 한 통의 전보가 도착했다.

"당신의 박사 학위 논문이 올해의 최우수상을 받게 된 것을 알려드립니다. 축하합니다."

이 또한 그에게는 아무 위안이 되지 않았다. 그리고 다시 절망에 빠진 그에게 또 한 통의 전보가 날아왔다. 그토록 애타게 기다리던, 연인에게 온 결혼 승낙이었다. 하지만 그 전보도 그의 시계를 멈추게 할 수는 없었다. 이렇게 15분이 다 지났고, 그는 숨을 거두었다.

이 연극은 한 인간의 삶을 15분이라는 짧은 시간에 응축시켜 보여준다. 이 청년의 삶은 우리 모두의 삶이다. 젊은 시절의 꿈을 좇아 정신없이 달리다보면 어느새 머리카락이 희끗해진다. 그리고 인생의 진정한 의미를 깨달을 즈음이면, 남은 시간이 별로 없다는 사실을 발견하게 된다. 그때 가서 후회한들 한 번 지나간 시간이 다시 돌아올 리 없다. 시간은 흐르는 강물과 같아서 막을 수도 없고 되돌릴 수도 없기 때문이다. 그러나 이 물을 어떻게 흘려보내느냐에 따라 시간의 질량도 달라진다.

고대 로마의 수사가 루시우스 세네카는 말했다.

"인간은 항상 시간이 모자란다고 불평하면서 마치 시간이 무한정 있는 것처럼 행동한다."

시간을 정복한 남자 류비셰프

'시간을 정복한 남자'라고 불리는 옛 소련의 과학자 알렉산드르 알렉산드로비치 류비셰프를 보자. 그는 26세 때부터 82세로 죽을 때까지 50년 이상을 이른바 '시간 통계' 노트를 기록해 인생을 몇 배나 풍요롭게 살다 갔다. 실제로 그의 업적은 상상을 초월할 정도다. 전공인 곤충 분류학과 해부학뿐만 아니라 진화론,

수리생물학 등 수많은 분야에서 70여 권의 저서와 100권 분량의 논문을 남겼으며 철학, 과학, 문학, 예술에 대해서도 막히는 게 없었다. 어떻게 그런 일이 가능했을까? 그는 매일 자신이 쓴 시간을 집계하고 기록하며 분석했다.

곤충 분류학 알 수 없는 곤충 그림을 두 점 그림(3시간 15분)
            어떤 곤충인지 조사함(20분)
추가 업무   슬라바에게 편지(2시간 45분)
휴식   이고르에게 편지(10분)
            톨스토이의 『세바스토폴 이야기』 읽음(1시간 25분)

이처럼 그는 그날의 일과와 거기에 쏟은 시간을 꼼꼼하게 적었다. 그는 시간을 그저 흘려보내는 대신 주어진 시간에 집중했다. 그리고 이를 통해 시간의 효율성을 최대화했다. 곤충 채집은 산책 시간에 했고, 잡담이나 늘어놓는 회의 시간에는 수학 문제를 풀었다. 한마디로 시간의 질을 높인 것이다. 덕분에 잠은 하루 여덟 시간 이상 푹 자고, 산책과 운동을 즐기며, 피로할 땐 충분히 쉬고, 아이들에게는 자상한 아빠 역할까지 하면서도 늘 훌륭한 연구 성과를 낼 수 있었다. 나중에는 시계를 보지 않고도 생체리듬만으로 시간을 알 수 있었다고 한다. 그에게는 시간이 눈에 보이고 계량할 수 있는 '물질'이었던 것이다. 그는 쉴 새없이 흘러가는 시간을 조금도 놓치지 않고 잡아냈으며, 숨어 있는 시간까지 발굴해냈다.

그가 나이를 먹을수록 오히려 풍요로워지고 청년 시절 못지 않은 열정을 지속시킬 수 있었던 힘도 바로 여기서 비롯되었다.

희망

얼음장 밑에서도
고기는 헤엄치고

"훌륭한 생각을 하는 사람은 많지만,
행동으로 옮기는 사람은 드물다. 나는 포기하지 않았다.
대신 무언가를 할 때마다 그 경험에서 배우고,
다음번에 더 잘할 방법을 찾아냈을 뿐이다."

희망가

얼음장 밑에서도
고기는 헤엄을 치고
눈보라 속에서도
매화는 꽃망울을 튼다.

절망 속에서도
삶의 끈기는 희망을 찾고
사막의 고통 속에서도
인간은 오아시스의 그늘을 찾는다.

눈 덮인 겨울의 밭고랑에서도
보리는 뿌리를 뻗고
마늘은 빙점에서도
그 매운 맛 향기를 지닌다.

절망은 희망의 어머니
고통은 행복의 스승
시련 없이 성취는 오지 않고
단련 없이 명검은 날이 서지 않는다.

꿈꾸는 자여, 어둠 속에서
멀리 반짝이는 별빛을 따라
긴 고행길 멈추지 말라.

인생항로
파도는 높고
폭풍우 몰아쳐 배는 흔들려도
한 고비 지나면
구름 뒤 태양은 다시 뜨고
고요한 뱃길 순항의 내일이 꼭 찾아온다.

―문병란

얼음장 밑과 눈보라 속에서도 희망으로 새 삶을 꽃피운 사람들이 있다. 두 사람의 삶을 들여다보자.

한 사람은 1890년 미국 인디애나 주에서 2남 1녀 중 장남으로 태어났다. 고생길이 시작된 건 6세 때 아버지를 여의고 나서였다. 이때부터 그는 어머니가 일하러 가면 홀로 어린 동생들을 돌봤다. 7세가 되자 음식 만드는 법을 배웠고, 10세부터는 농장에 취직해 고된 노동을 했다. 12세 때 어머니마저 재혼해 떠나버리자 초등학교를 중퇴해야 했다.

이후 청년이 되어서는 직업군인으로 쿠바를 다녀왔고, 제대 뒤에는 철도 노동자와 보험설계사, 주유소 점원까지 닥치는 대로 일했다. 가난했지만 결혼도 하고 아이도 얻었다. 그러나 대공황의 격랑은 그에게도 어김없이 닥쳐왔다. 그는 나이 마흔에 또다시 빈털터리가 되었다.

포기를 모르는 65세의 성공

이제 믿을 것은 어릴 때 배운 요리뿐이었다. 그는 주유소 한 귀퉁이에서 배고픈 여행자들에게 음식을 팔았다. 테이블 하나, 의자 여섯 개로 시작한 카페는 입소문을 타고 나날이 번창했다. 45세 때는 켄터키 주지사로부터 '커넬'이라는 명예대령 칭호까지 받게 되었다.

그는 카페에서 한 푼 두 푼 번 돈으로 모텔을 지었다. 희망의 햇살이 비치는 듯했다. 예기치 않은 화재가 그의 레스토랑과 모텔을 잿더미로 만들었다. 그는 다시 시작했다. 같은 자리에 더 큰 레스토랑을 지었다. 하지만 고속도로가 건설되면서 손님들의 발길이 끊어졌고, 급기야 헐값에 처분하고 말았다. 그는 실패를 거듭할 때마다 또다시 일어섰지만 남은 건 빚더미뿐이었다. 게다가 사랑하는 아들을 잃고, 아내에게도 버림받았다. 그는 60세 때 모든 걸 잃고 극한상황에 빠져 정신병원 신세까지 지게 되었다.

그렇게 5년이 흘렀다. 나이도 어느덧 65세. 그는 나라에서 준 사회보장기금 105달러를 들고 마지막 희망의 길을 떠났다. 중고 승용차에 요리 기구를 싣고 전국을 떠돌며 닭고기 조리법을 팔러 다녔다. 주머니가 비어 있는 날은 요리 샘플을 뜯어 먹으며 끼니를 때웠다.

하루에 두세 번 씩, 2년 동안 1009번의 퇴짜를 맞으며 문전박대를 당한 끝에 그는 옛 친구가 운영하는 레스토랑과 계약을 맺었다. 치킨 한 조각에 4센트를 받는 조건이었다. 이후 놀랍게도 그의 치킨은 대성공을 거뒀고, 프랜차이즈는 무섭게 퍼져나가 80여 개국 1만 군데 이상의 체인을 갖게 됐다.

KFC 매장을 찾아보면 입구마다 흰 양복에 지팡이를 걸치고 서 있는 노신사가 있다. 이 이야기의 주인공인 커넬 샌더스다. 그는 훗날 이렇게 말했다.

"훌륭한 생각을 하는 사람은 많지만, 행동으로 옮기는 사람은 드물다. 나는 포기하지 않았다. 대신 무언가를 할 때마다 그 경험에서 배우고, 다음번에 더 잘할 방법을 찾아냈을 뿐이다."

무일푼 노숙자에서 억만장자가 된 사나이

또 한 사람, 희망의 화신이 있다. 그는 1954년 미국 밀워키 북부에서 4남매 중 막내로 태어났다. 그의 의붓아버지는 날마다 폭력을 휘둘렀고, 그는 어머니, 세 명의 누나와 더불어 불행의 구렁텅이에 빠졌다. 8세 때부터는 남의 집에 입양돼 여러 곳을 전전했다. 그나마 용기를 북돋워주는 어머니와 삼촌들 덕분에 학업은 계속할 수 있었지만, 어려운 가정 형편 때문에 대학 진학은 포기해야 했다. 그는 군에서 제대한 뒤 샌프란시스코에서 가정을 꾸리고 의료기 세일즈를 하며 겨우 생계를 꾸려갔다. 하지만 의료기 영업은 늘 지지부진했다. 가난 때문에 아내와도 그다지 행복하지 못했다.

극심한 생활고에 시달리던 어느 날, 그는 우연히 만난 주식중개인의 추천으로 주식중개업에 뛰어들었다. 그러나 이 행운도 얼마 가지 못했다. 학력 때문에 해고를 당한 것이다. 설상가상으로 주차비를 못 내 구치소 신세를 졌고, 풀려나 보니 집도 아내도 사라지고 아들만 남아있었다. 그는 낮에는 일하고 밤에는 아들을 재울 노숙자 쉼터를 찾아 헤맸다. 쉼터가 다 찬 날은 바깥에서 잘 수밖에 없었다. 아들을 데리고 지하철역이나 공중화장실에서 밤을 지새우기도 했다. 갑작스레 문 두드리는 소리에 무서워 떨다가 눈물을 흘리기도 했다.

그는 다시 한 회사의 인턴십 프로그램에 합격했다. 그러나 무급이나 다름없는 인턴 수입으로는 목구멍에 풀칠하기도 어려웠다. 여전히 노숙자 쉼터에서 주는 수프로 끼니를 때우고 화장실 세면대에서 아들을 목욕시켜야 했다. 그 절박한 상황에서도 동료들에게 이런 사실을 알리지 않고 밤을 새워 독학을 했다. 마침내 기회가 찾아왔다. 그의 성실함을 알아본 대형 투자회사의 샌프란시스코 본부장이 그를 스카우트한 것이다.

이제 그는 더 이상 무일푼의 노숙자가 아니었다. 절망의 터널을 지나 새로운 삶을 시작한 이때, 그의 나이 28세였다. 그는 월스트리트에서 가장 성공한 투자사에서 최고의 열정과 노력으로 자신의 새 인생을 펼쳐나가기 시작했다. 그리고 드디어 자신의 이름을 내건 '가드너 리치 앤드 컴퍼니' 투자사를 설립하고 자산 1억 8천만 달러(약 2천억 원)의 억만장자가 되었다.

이 모두가 크리스 가드너(Chris Gardner)의 이야기다. 이후 그는 자신의 혹독했던 시절을 잊지 않고, 수많은 자선단체에 많은 기부금을 내며 절망에 빠진 사람들에게 희망을 선물했다. 이 가슴 찡한 얘기는 TV프로인 「20/20」에 15분짜리 다큐로 소개되었고, 오프라 윈프리 쇼에도 등장해 전 미국인을 눈물과 감동의 도가니에 빠뜨렸다.

이 프로그램이 방영된 다음날 아침 영화제작자 마크 클레이맨이 그에게 전화를 걸었다. 얼마 후 그의 인생은 한편의 영화로 만들어졌다. 국내에서도 개봉된 「행복을 찾아서(The Pursuit Of Happyness)」다. 이후 동명으로 그의 자서전이 출간되었고 곧바로 뉴욕타임스 베스트셀러를 장식했다.

일상

평범한 하루가 모여
위대한 삶을 이룬다

"모든 살아 있는 것들에 깃든 섬세한 아름다움을 놓치지 말라구.

나와 자네가 함께 하는 오늘, 바로 이 순간이 선물이네."

매순간이 일생이다.

평범한 하루가 모여 위대한 생을 이룬다.

매일초

오늘도 한 가지
슬픈 일이 있었다.
오늘도 한 가지
기쁜 일이 있었다.

웃었다가 울었다가
희망했다가 포기했다가
미워했다가 사랑했다가

그리고 이런 하나하나의 일들을
부드럽게 감싸주는
헤아릴 수 없이 많은
평범한 일들이 있었다.

— 호시노 토미히로

호시노 토미히로(星野富弘)는 손이 아닌 입으로 그림을 그리는 구족화가다. 그는 대학을 졸업하고 중학교 교사가 된 지 2개월 만에, 방과 후 체육 동아리 활동을 지도하다가 경추손상으로 목 아래 전신이 마비되는 불운을 겪었다.

유일하게 움직일 수 있는 것은 목 위쪽뿐이었다. 갑작스런 사고로 생의 의욕을 잃고 절망에 빠진 그는 한때 죽음까지 생각했지만, 다시 일어나 새 인생의 페이지를 열어나갔다. 입에 붓을 물고 그림을 그리는 화가가 된 것이다. 그림을 그리고 그 위에 자작시를 적으면서 삶을 다시 일으켜세웠다.

어느 날 그는 신체장애인센터 소장의 권유를 받고 그때까지 차곡차곡 쌓아온 작품들로 전시회를 열었다. 신문과 방송에서는 연일 격찬을 쏟아냈고, 그의 사연에 감동받은 이들에게서 격려와 찬사가 날아들었다. '꽃의 시화전'이라는 이름으로 200여

차례나 열린 그의 전시회는 늘 성황을 이루었다. 그의 고향 집 부근에 있는 미술관에는 해마다 10만 명의 관람객이 찾아든다.

당시 그가 그린 그림들은 지인들이 선물한 화분과 꽃다발, 고향의 뜰에 핀 꽃나무, 휠체어를 타고 나선 산책길의 들꽃 등 말 그대로 붓 가는 대로 그린 것들이었다.

나는 그의 시를 읽으며 '헤아릴 수 없이 많은 평범한 일들'이라는 구절에 밑줄을 그었다. 그러고는 한참 동안 생각에 잠겼다. 지금, 여기 이 순간이 우리 인생 전체의 그림을 좌우하는 물감이라는 생각이 들었다. 말 그대로 평범하면서도 위대한 순간들이었다.

우리는 하루에도 몇 번씩 희로애락에 휘청거린다. 사소한 일로 슬퍼하고 작은 일에 기뻐하는 일희일비의 나날들……. 하지만 삶과 죽음의 경계에서조차 '이런 하나하나의 일들을 부드럽게 감싸 주는 헤아릴 수 없이 많은 평범한 일들'의 소중함을 발견한다면 일상의 시간들이 훨씬 더 빛날 것이다.

매순간이 일생이다

두밀리자연학교 교장이었던 'ET 할아버지'의 가르침은 또 어떤가. 그는 불의의 교통사고로 3도 화상을 입고도 수많은 사람에게 생명과 희망의 향기를 나눠준 작은 거인이었다. 그의 본명은 채규철. 하지만 사고로 몸이 불 타 버린 후 ET 할아버지라는 별명을 얻었다. 그가 나눔과 사랑을 실천하기 시작한 것은 이미 40여 년 전부터였다. 장기려 박사와 함께 국내 최초의 민간의료보험조합인 청십자의료보험조합을 세워 가난한 사람들에게 치료의 길을 열어주고, 농촌계몽운동과 봉사활동을 해온 것이다.

그러던 중에 차가 산비탈에서 언덕 아래로 굴러떨어지는 사고를 당했다. 고아원 벽에 칠을 해주려고 차에 싣고 가던 페인트와 시너가 불붙은 그의 몸 위로 쏟아졌다. 그는 심한 화상을 입고 병원으로 옮겨졌다. 몇 번이나 죽을 고비를 넘겼다. 수술만 30여 차례를 해야 했다. 간신히 목숨은 건졌지만 귀를 잃고 한 눈은 멀고 손은 갈고리처럼 오그라들었다. 그 와중에 지극정성으로 간호하던 아내마저 세상을 떠나버렸다.

하지만 그는 웅크리지 않았다. 청십자의료보험조합 일을 다시 시작했고, 사랑의 장기기증본부도 세웠다. 나중에는 자신의 돈을 몽땅 털어 두밀리자연학교를 설립했다. 그의 하루하루는 말 그대로 슬픈 일과 기쁜 일, 절망과 희망의 간극을 오갔다. 그러나 그는 '이 하나하나의 일들을 부드럽게 감싸주는 헤아릴 수 없이 많은 평범한 일들'의 값어치를 누구보다 잘 알고 있었기에 세상을 떠날 때까지 위대한 생을 가꿀 수 있었다.

우리 인생은 하나의 점이 모여 선을 이루는 과정이다. 그러나 성인(聖人)이 아닌 다음에야 그 일상의 의미를 어떻게 체득할 수 있겠는가. 맞다, 우리는 성인이 아니다. 그러나 슬픔과 고통을 치유하는 법을 배우는 길만큼은 알고 있다.

훗날 ET 할아버지가 당시를 회고하며 남긴 말을 떠올려보자.

"우리가 사는 데 'F'가 두 개 필요해. 하나는 'Forget(잊어버려라)'이고 다른 하나는 'Forgive(용서해라)'야! 사고 후 그 고통을 잊지 않았으면 난 지금처럼 못살았어. 잊고 비워내야 그 자리에 또 새 걸 채우지. 또 이미 지나간 일에 누구 잘못 탓할 게 어디 있어."

인도 출신의 리더십 전문가 로빈 샤르마 또한 "날마다 거침없이 유쾌하게 사는 것이야말로 중요하다는 사실을 절대 잊지 말라"고 강조했다. 그는 『나를 발견한 하룻밤 인생 수업』이라는 책에서 이렇게 말했다.

"모든 살아 있는 것들에 깃든 섬세한 아름다움을 놓치지 말라구. 나와 자네가 함께 하는 오늘, 바로 이 순간이 선물이네. 활기와 기쁨과 호기심을 간직하게. 인생을 건 일과 이기심 없이 타인에게 봉사하는 데 집중하게. 나머지는 모두 우주가 알아서 해줄 걸세."

자, 아침마다 창문을 열고 '매일초'를 음미해보자. 매순간이 일생이다. 평범한 하루가 모여 위대한 생을 이룬다.

2막

아름다운 후반전

즐겁고 유쾌한 자기계발법을 하나씩 실천에 옮기는 일,

나중에 '더욱 울창해지기' 위해

시간을 쪼개 공부하는 이들의 모습은 얼마나 아름다운가.

나무학교

나이에 관한 한 나무에게 배우기로 했다
해마다 어김없이 늘어가는 나이
너무 쉬운 더하기는 그만두고
나무처럼 속에다 새기기로 했다
늘 푸른 나무 사이를 걷다가
문득 가지 하나가 어깨를 건드릴 때
가을이 슬쩍 노란 손을 얹어놓을 때
사랑한다는 그의 목소리가 심장에 꽂힐 때
오래된 사원 뒤뜰에서
웃어요 하며 숲을 배경으로
순간을 새기고 있을 때
나무는 나이를 겉으로 내색하지 않고도 어른이며
아직 어려도 그대로 푸르른 희망
나이에 관한 한 나무에게 배우기로 했다
그냥 속에다 새기기로 했다
무엇보다 내년에 더욱 울창해지기로 했다

─문정희

'해마다 어김없이 늘어가는 나이'를 '나무처럼 속에다 새기기로 마음먹는' 사람은 '나이를 겉으로 내색하지 않고도 어른'이며, '아직 어려도 그대로 푸르른 희망'을 배운다. 그 희망의 뿌리는 '무엇보다 내년에 더욱 울창해지기로' 결심한 '의지의 나이테'다.

이 시를 읽으면 자연스레 '아름다운 후반전'이라는 말이 떠오른다. 서재를 뒤져보니 몇 년 전에 읽고 꽂아둔 『하프타임』이라는 책이 눈에 들어온다. 이 책의 저자는 밥 버포드라는 사람으로, 미국에서 가장 성공한 케이블TV 회사의 사장이다.

그 역시 다른 성공한 사람들처럼 아픈 기억이 많다. 11세에 아버지를 여의고 소년가장이 되었으며, 성공한 뒤에는 애지중지하던 외아들을 잃고 절망의 나락에서 방황했다.

그가 비로소 인생을 꼼꼼히 돌아보기 시작한 것은 40대 초반에 이르러 '성공의 공포'를 겪고 나서였다. 어느 날 그는 '단순히 이윤을 남기는 것이 아니라 진정으로 생산적인 삶을 만들어야겠다'고 결심한 뒤 내면의 '미세한 소리'에 귀를 기울이기 시작했다.

그는 자신의 삶을 축구처럼 전후반으로 나뉘는 경기에 비유했다. 35세까지가 전반전이었다면 이제 하프타임을 지나 후반전에서 큰 게임을 치르고 있다고 했다. 그러면서 인생의 후반전이야말로 진정한 부흥기라고 말했다.

군이 말하지 않아도 게임의 승패는 후반전에서 판가름 난다. 우리 인생도 마무리를 잘하는 것이 중요하다. 그는 더 시야를 넓혀 '성공한 중년층이 많을수록 나라가 제 기능을 발휘하고 공동체의 가치관도 굳건해질 수 있다'는 사실까지 일깨워준다. 그가 얘기하는 '인생의 후반전'이란 피터 드러커 식으로 말하면 '또 하나의 생애'인 셈이다. 드러커는 그의 저서 『21세기 지식경영』에서 인생 후반부를 준비하는 최고의 지침서로 『하프타임』을 추천해 화제를 불러일으켰다.

그의 글은 마흔의 고개를 막 넘으려는 사람들에게 특히 큰 울림을 준다. 중반전까지 쉼 없이 달려와 남은 경기를 위해 숨을 가다듬는 순간에 받아 든 한 컵의 냉수 같다. 이제 막 인생 게임을 시작했거나 한창 전반전을 펼치고 있는 2030세대에게는 남의 일처럼 들릴지도 모르겠다. 하지만 삶의 전반전은 늘 생각보다 빨리 끝난다.

버나드 쇼가 "참 기쁨의 맛을 발견하는 시기는 다름 아닌 중년"이라고 말한 까닭을 떠올려보라. 『하프타임』을 집어 들면 가장 먼저 책 표지에 실린 노란색 호루라기의 실루엣이 가슴을 탁 하고 친다. 마치 시간 가는 줄 모르고 운동장을 뛰어다니는 우리에게 작전 타임을 알리는 휘슬 소리처럼 느껴진다.

이모작 사고를 하라

아름다운 인생 후반전을 준비하기 위해서는 어떻게 해야 할까? 무엇보다 '이모작 사고방식'을 체득하는 것이 필요하다. '너무 쉬운 더하기'를 멈추고 자신의 내면에 의미 있는 나이테를 새기는 자세다. 그래서 '나무에게 배우기로' 했다면 '문득 가지 하나가 어깨를 건드릴 때' 무엇을 해야 할지를 깨달을 수 있어야 한다. 즐겁고 유쾌한 자기계발법을 하나씩 실천에 옮기는 일, 나중에 '더욱 울창해지기' 위해 시간을 쪼개 공부하는 이들의 모습은 얼마나 아름다운가.

나는 39세에 프랑스어를 배우기 시작했다. 처음엔 화요일과 목요일 저녁 시간을 택했다. 그런데 그때마다 사건이 터졌다. 신문사 일이라는 게 늘 돌발 상황이 많기 때문이었다. 수업에 자주 빠질 수밖에 없었고, 그래서 주말에 이틀치를 몰아서 공부하는 토요일 수업으로 바꿨다. 같은 반 동료들도 비슷한 처지였다. 그때의 즐거운 '수업시대'를 떠올리면 아직도 한 폭의 그림 같다.

매주 토요일 오후 2시, 서울 회현동에 있는 알리앙스 프랑세즈로 가면 반짝이는 눈빛들이 하나둘 인사를 건넨다. 남들은 가까운 산과 들로 여행을 떠나는 황금 주말에 우리는 배낭 속에서 손때 묻은 프랑스어 교본을 꺼내 들었다. 바깥으로 길을 나서는 것이 여행이라면, 우리는 그 바깥세상보다 가슴 설레는 '내면 여행'을 떠나는 사람들이었다.

당시 우리 반 학생들은 대부분 직장인들이었다. 시멘트 회사에 근무하는 사람도 있고 항공사에 다니는 사람도 있었다. 저작권 단체에서 일하는 사람, 외모에서도 '끼'가 느껴지는 연극 연출가, 케이블TV 방송사 직원, 교사 부부, 국제통상 변호사까지 각양각색이었다. 하는 일도 달랐고 특기도 달랐지만 바쁜 시간을 쪼개 좋아하는 일을 하는 열정만은 같았다. 처음엔 단순히 프랑스어를 배우려고 주말 오후를 바치겠다는 목표였지만, 시간이 흐르면서 우리는 문학과 철학, 예술의 자양분으로 마음의 살을 찌워갔다.

줄기가 튼튼한 나무는 잎도 무성하고 열매 또한 잘 여문다. 우리네 삶도 마찬가지다. 아무리 바빠도 자신을 살찌우는 데 들이는 시간은 따로 남겨두어야 한다. 이를테면 외국어 하나만 익히는 것이 아니라 그 너머의 창을 통해 더 넓은 세상을 보고 삶의 향기와 지혜를 만나야 한다. 각박한 세상 속에서도 스스로 다스릴 줄 아는 인생은 그 뿌리부터 다르다.

일상도 그렇지 않던가. 시간의 노예로 사는 사람은 평생 그 굴레를 벗어나지 못한다. 그러니 일상의 밀도가 높을수록 오히려 '느림의 미학'을 음미할 줄 알아야 한다. 잔잔하지만 파장이 오래 가는 그 물결은 우리 주변 사람까지 변화시킨다. 하나의 동심원이 파장을 넓혀가면서 수많은 동료와 이웃들의 감성에까지 부드러운 손길을 내밀고, 그 촉수의 가장 예민한 부분이 '더불어 사는 삶'을 더 가치 있게 만들어준다.

2002년 나는 프랑스 파리로 1년 과정의 연수를 떠났다. 그해 여름 학기, 바캉스를 떠나는 파리지엥들을 뒤로 하고 강의실에 들어서자 새 세상을 만난 기분이었다. 교수는 금발에 우아한 눈빛을 지닌 40대 후반의 여인으로, 평화로운 분위기에 여유 있는 표정이 잘 익은 와인을 연상시켰다.

여름학기가 끝날 즈음 그 분은 이렇게 말했다.

"남들 다 노는 방학에 이렇게 열심히 공부했으니 보람도 클 거예요. 자랑스러워하세요. 여러분은 바로 이모작을 실천하고 있는 사람들입니다."

알다시피 이모작은 한 경작지에서 1년에 두 가지 농작물을 재배하고 거두는 일이다. 똑같은 땅이라도 한 해에 한 번 수확하는 것과 두 번 수확하는 것은 커다란 차이를 가져온다. 그 땅의 가치뿐만 아니라 경작자의 가치까지도 달라진다. 1년 중 7월은 이모작의 파종기이자 한 해의 새로운 출발점이며, 하반기의 첫 모종을 내는 시기다. 느슨해진 마음을 다시 추스르고 신발 끈을 고쳐 매는 것도 바로 이때다. 인생으로 치면 30대 후반에서 40대로 넘어가는 '하프타임'이다.

그해 여름학기 동안 수업을 따라가는 것만으로도 버거울 정도로 바빴지만, 발표 준비나 숙제에 쫓기면서도 틈틈이 파리 뒷골목들을 헤집고 다녔다. 팡테옹 부근의 카페들과 무프타르 거리의 아름다운 가게들, 철학자들이 상념에 잠겨 거닐곤 했던 생미셸 거리, 빅토르 위고와 발자크가 살던 집, 조르주 상드와 쇼팽의 러브 스토리가 살아숨쉬는 낭만주의 박물관 등을 들뜬 표정으로 찾아다녔다.

가을학기 때도 마찬가지였다. '이모작'의 마음가짐으로 생활하다 보니 공부와 놀이 모두가 즐거웠다. 책이나 강의실에서 배우지 못한 것들까지도 거리에서 풍성하게 얻을 수 있었다. 지금도 그때의 추억과 풍경들이 머리 속에 선명하다.

이모작이라고 해서 전혀 다른 걸 새로 시작해야 한다는 강박을 가질 필요는 없다. 그저 늘어진 시계태엽을 감아주듯 스스로

힘을 북돋는 것만으로도 의미가 있다. 스스로를 옥죌 필요는 더더욱 없다. 그 교수의 말처럼 '이모작하는 농부'의 마음이 이미 스스로를 자랑스럽게 만들기 때문이다.

인생

멀리 가는 사람은
천천히 걷는다

우리가 살아 있다는 건
아직도 가야 할 길이 있다는 것이므로
주저앉거나 돌아서서 포기하지 말아야 한다.

굽이 돌아가는 길

올곧게 뻗은 나무들보다는
휘어 자란 소나무가 더 멋있습니다
똑바로 흘러가는 물줄기보다는
휘청 굽어진 강줄기가 더 정답습니다
일직선으로 뚫린 빠른 길보다는
산 따라 물 따라 가는 길이 더 아름답습니다

곧은 길 끊어져 길이 없다고
주저앉지 마십시오
돌아서지 마십시오
삶은 가는 것입니다
그래도 가는 것입니다
우리가 살아 있다는 건
아직도 가야 할 길이 있다는 것

곧은 길만이 길이 아닙니다
빛나는 길만이 길이 아닙니다
굽이 돌아가는 길이 멀고 쓰라릴지라도
그래서 더 깊어지고 환해져 오는 길
서둘지 말고 가는 것입니다
서로가 길이 되어 가는 것입니다
생을 두고 끝까지 가는 것입니다

— 박노해

*『사람만이 희망이다』(느린걸음, 2015) 중에서

'굽이 돌아가는 길이 멀고 쓰라릴지라도, 그래서 더 깊어지고 환해져 오는 길', 그래서 서둘지 말고 '서로가 길이 되어 가는 것', 이것이 우리의 인생길이다. 그렇다. '우리가 살아 있다는 건 아직도 가야 할 길이 있다는 것'이므로 주저앉거나 돌아서서 포기하지 말아야 한다.

이 시를 앞에 놓고 한참 동안 생각에 잠겼다. 그리고 비 그친 대나무 숲에서 여기저기 싹을 밀어 올리는 죽순을 발견했다. 죽순은 보통 땅 위로 몸을 내민 날부터 최고 1미터씩 쑥쑥 자란다. 그렇게 한 달에서 한 달 반 정도가 지나면 어른 대나무가 된다. 죽순이 하루에 자라는 길이는 소나무가 30년을 자란 길이와 같다고 한다. 소나무는 줄기 끝에만 생장점이 있는 반면 대나무는 마디마다 생장점이 있기 때문이다. 생장이 끝나면 더 이상 굵어지지 않고 몸체만 더 단단해진다.

죽순의 이런 힘은 그냥 생기는 게 아니다. 지상에 올라왔을 때는 이미 땅 속에서 오랫동안 준비 기간을 거친 뒤다. 땅 속에서 5,6년을 자란 뒤에야 순을 밀어 올리는 것이다. 이 땅속줄기가 굵을수록 순도 굵고 줄기도 튼튼하다. 또한 대나무의 땅속줄기는 여러 개의 마디를 갖고 있는데, 그 마디들의 눈 중에서 죽순으로 솟아오를 수 있는 것은 열 개 중에 하나밖에 되지 않는다.

한자사전을 찾아보면, 대 죽(竹)은 풀 초(艸)와 달리 잎보다 뿌리를 강조한 문자임을 알 수 있다. 그래서 예부터 대나무를 비목비초(非木非草)라 했다. 나무 목(木)이 뿌리와 가지를 형상화하고, 풀 초가 줄기와 잎을 묘사한 것이라면, 대 죽은 줄기와 뿌리를 강조한 글자다. 그만큼 뿌리의 힘이 강하다는 얘기다. 대나무 숲이 조성된 곳에서는 산사태나 홍수가 드문 연유도 여기에 있다.

그래서인지 대나무는 꽃도 일생에 딱 한 번 피운다. 그것도 생의 마지막 순간에. 한 나무가 꽃을 피우면 옆 나무도 따라 피워 결국 대숲 전체가 한꺼번에 개화한다. 그렇게 온몸으로 꽃을 피워내고는 장렬하게 죽는다.

지금은 유명한 소설가가 된 이순원 씨. 초등학교 5학년 때 백일장에 나갔던 소년 이순원은 아무런 상도 받지 못하고 빈손으로 돌아왔다. 입술을 쭉 빼고 낙담하고 있는데 선생님이 운동장가에 있는 나무 아래로 불러 물었다. "너희 집에도 꽃나무가 많지?" 그러면서 선생님이 들려준 말을 잊을 수 없다고 한다.

　"일찍 꽃을 피우는 나무는 눈길을 끌지만 일찍 피는 꽃은 나중에 열매를 맺지 못한단다. 나는 네가 어른들 눈에 보기 좋게 일찍 피는 꽃이 아니라 이다음에 큰 열매를 맺기 위해 조금 천천히 피는 꽃이라고 생각해. 클수록 단단해지는 사람 말이야."

평발의 힘

박지성 선수도 마찬가지다. 그가 처음부터 곧은길을 걸은 것은 아니다. 그는 축구선수로서는 치명적인 평발에, 키가 크지도 그렇다고 체격이 좋은 것도 아니었다. 넉넉하지 않은 집안 형편 때문에 축구 하나에 희망을 걸었고, 고등학교를 졸업하면 프로에 입단할 생각을 갖고 있었다. 그러나 대기업 프로축구단 테스트에서 번번이 고배를 마셨다. 까까머리 말라깽이에 내성적인 성격이다 보니 가는 데마다 퇴짜를 맞은 것이다.

하지만 아무것도 내세울 것 없다는 사실이 오히려 그를 재목으로 키워냈다. 그가 가진 유일한 무기는 바로 '죽는 한이 있어도 버티겠다는 정신력'이었다. 눈에 보이는 현란한 개인기와 테크닉이 아닌 '깡다구'를 믿은 것이다. 한 의사는 그의 평발에 대해 "이건 장애를 극복한 인간승리입니다"라고 말했다. 사실 그가 이뤄낸 결과를 보면 인간승리를 넘은 신화라고 해도 과언이 아니다.

언젠가 연세대 취업정보실에서 낸 「박지성과 프리미어리그 선수들의 직업의식 비교 연구」라는 분석 보고서를 본 적 있다. '박지성의 직업정신 5가지' 중 3가지가 눈길을 끌었다. 이 3가지는 말 그대로 그의 '굽이굽이 돌아가는 길'을 잘 보여주고 있다.

첫 번째는 '반복학습'이었다. 그는 초등학생 시절 경기가 끝나면 노트에 자신이 경기한 위치와 수정해야 할 위치를 늘 그려 넣었다. 이후로도 그는 소의 되새김질처럼 자신의 경기 모습을 비디오로 꼼꼼히 챙겼다. 많은 선수들이 승리의 환희를 즐길 때 그는 스스로를 반성하는 길을 택했다.

둘째는 동료에게 득점 기회를 만들어주는 보기 드문 배려였다. 그는 결정적인 찬스를 잡으면 동료에게 득점 기회를 주었다. 그 결과 2005년과 2006년 프리미어리그에서 6개의 도움을 만들어내며 '도움 3위'로 확고하게 자리를 잡았다. 스타가 되려 하기보다는 내실을 다시고 전체의 행복을 도모함으로써 스스로를 꼭 필요한 존재로 만든 것이다.

셋째는 이른바 서번트 리더십이었다. 박지성은 2002년 한국 대표팀에서 활약할 때 '심부름꾼'으로 유명했다. 프리미어리그에서도 공격수들의 '골 심부름'을 도맡았다. 2006년 월드컵 토고와의 경기 때도 안정환 선수에게 슛 찬스를 주기 위해 수비수 3명을 골문 근처로 유도했다. 그는 어떤 상황에서도 조급해하지 않고, 돌아가더라도 최선을 다하는 자세를 보였다. 그리고 바로 그것이 오늘의 박지성, 그의 빛나는 인생을 만든 힘이었다.

인재

일꾼은 많은데

손이 모자라……

1년 앞을 내다보는 사람은 꽃을 심고,

10년 앞을 내다보는 사람은 나무를 심고,

20년 앞을 내다보는 사람은 사람을 심는다.

사람이 꽃보다 아름다워

단 한 번일지라도
목숨과 바꿀 사랑을 배운 사람은
노래가 내밀던 손수건 한 장의
온기를 잊지 못하리
지독한 외로움에 쩔쩔매도
거기에서 비켜서지 않으며
어느 결에 반짝이는 꽃눈을 달고
우렁우렁 잎들을 키우는 사랑이야말로
짙푸른 숲이 되고 산이 되어
메아리로 남는다는 것을

강물 같은 노래를 품고 사는
사람은 알게 되리
내내 어두웠던 산들이 저녁이 되면

왜 강으로 스미어 꿈을 꾸다
밤이 길수록 말없이
서로를 쓰다듬으며 부둥켜안은 채
느긋하게 정들어 가는지를

누가 뭐래도 믿고 기다려주며
마지막까지 남아
다순 화음으로 어울리는 사람은 찾으리
무수한 가락이 흐르며 만든
노래가 우리를 지켜준다는 뜻을

―정지원

"세상에서 가장 많은 것은 무엇인가?"

"그것은 사람이다."

"그렇다면 가장 적은 것은?"

"그것도 사람이다."

일본 장수 구로다 죠이스와 도요토미 히데요시의 대화 한 토막이다. 이 대화에서 '사람'이라는 단어를 '인간'과 '인재'로 바꿔놓아도 금방 통한다.

이 얘기는 침몰 직전의 아사히 맥주를 회생시킨 히구치 히로히타가 자주 인용하는 대목이다. 히로히타는 평범한 샐러리맨으로 출발해 '기적의 전문경영인'으로 추앙받은 뛰어난 경영인이자, 고난 속에서 깨달은 인간존중 시스템을 기업과 리더십의 요체로 여긴 경영인이기도 했다. 그의 성공 비결은 사람을 가장 중시하는 것, 한마디로 요약하면 다음과 같다.

"감사하는 마음이 사람을 움직인다."

"결점을 지적해주는 동료를 가져라."

"배제가 아니라 포용의 논리로 사람과 기업을 키워라."

『정서 자본(Emotional Capital)』을 쓴 케빈 톰슨도 기업의 숨겨진 힘은 '정서 자본'에 있다고 했다. 회사 식구들의 기쁨이나 슬픔을 유형자산처럼 챙기고 관리할 줄 알아야 한다는 뜻이다. 기술과 시스템이 아무리 뛰어나도 구성원들의 정열과 헌신적인 마음이 없으면 사상누각이 된다.

"일손은 충분한데 인재가 없다"는 말을 자주 듣는다. 그런데 막상 어떻게 해야 할지 그 방법을 모르는 경우가 많다. 뒤집어보면 이것은 "나는 열심히 하는데 인정해주지 않는다"는 직원들의 푸념과 맞닿아 있다.

가르시아 장군과 로완 중위

이에 대한 해답은 전 세계 경영자들이 직원들에게 선물하고 싶어 한다는 책 『가르시아 장군에게 보내는 메시지』에 잘 드러나 있다. 이 책은 본래 백여 년 전에 나왔으나 뒤늦게 빛을 보았고, 출간되자마자 베스트셀러가 되어 15년간 4천만 부가 팔렸다.

이 책의 부제는 '비즈니스와 인생의 제1 원칙에 관한 보고서'다. 러일전쟁 때 러시아 병사들이 군용배낭에 한 권씩 넣고 다녔다고 해서 더 큰 화제를 모았다. 일본의 천황까지 이 책을 모든 '황국신민'에게 보급하라고 지시하기도 했다. 포로로 잡힌 러시아군 모두가 지니고 있어 무슨 내용인가 궁금해서 번역했다가 책 속의 메시지에 반해버린 것이다. 냉전시대에도 이 책은 미국과 러시아 양쪽에서 나란히 읽히는 아이러니의 주인공이 되었다.

아마 두툼한 책을 떠올리겠지만 『가르시아 장군에게 보내는 메시지』는 한 세기 이상 동서양을 막론하고 전쟁터의 포연 속에서, 때론 작업장의 먼지 속에서 꾸준히 읽혀온 책치고는 참으로 얇다. 목차와 그림을 포함해도 48쪽밖에 안 된다.

이 책의 메시지는 간단하다. 경영자들에게는 인적 자원을 어떻게 효율적으로 관리해야 할지, 직장인들에게는 자신의 직무에 어떤 태도로 임해야 할지를 함축적으로 알려준다.

제목 속의 가르시아 장군은 당시 쿠바의 반군 지도자로서 산채를 옮겨 다니는 게릴라였던지라 늘 그 거처가 베일에 가려져 있었다. 어디에 있는지, 어떤 경로로 이동하는지 누구도 알 수 없었다. 그런 가운데 미국의 매킨리 대통령은 가르시아에게 비밀스런 메시지를 전달하라는 임무를 로완 중위에게 맡겼는데, 그는 대통령의 메시지를 품에 넣자마자 한마디 질문도 없이 곧바로 길을 떠났다.

저자인 엘버트 허바드는 바로 이 부분, 로완이 대통령으로부터 편지를 받고도 "그는 어디에 있습니까?"라고 묻지 않았다는 사실에 초점을 맞춘다. 어떤 임무가 주어졌을 때, 스스로 문제를 풀고 행동으로 옮기려는 성실함과 책임감에 주목한 것이다.

아무리 기술과 시스템이 발전한 시대에도, 가장 중요한 것은 일에 대한 자세다. 그래서 허바드는 "주어진 임무에 대한 책임감과 충성심은 일을 처리하는 유능함보다 훨씬 가치 있다"고 적었다. 저자 스스로가 '저녁 밥통을 지고 다니며 하루하루 노임을 위해 일했고, 한때 사람들을 부린 적도 있어 양쪽 모두에 대해 할 말이 있는' 사람이어서 그랬을까. 그는 누가 지켜보든 아니든 자기 직분에 충실한 사람에게 애정을 느낀다고 말했다.

지금 이 순간에도 수많은 경영자들이 가르시아 장군에게 메시지를 전달할 로완 같은 인재를 찾는 중이다. 로완은 한밤중에

쿠바 해안에 상륙해 정글 속으로 사라졌다. 그리고 가르시아 장군을 찾아 적군이 들끓는 내륙을 가로지른 뒤 무사히 메시지를 전하고, 섬의 반대편으로 빠져나오기까지 자신의 모든 능력을 활용했다. 이처럼 훌륭한 군인에게 훈장이 주어지듯 성실한 사람에게 합당한 과실이 주어지는 것은 당연하다.

우리 시대의 수많은 로완 중위가 가르시아 장군에게 전할 메시지를 품고 정글 속으로 뛰어드는 모습을 상상해보라. 본질적으로 뛰어난 지도자와 훌륭한 조직원이란 그때나 지금이나 모두 '눈빛으로 말하는 매킨리 대통령'이며, '어떻게 해야 하는지를 스스로 아는 로완 중위'인 것이다. 그렇다. '1년 앞을 내다보는 사람은 꽃을 심고, 10년 앞을 내다보는 사람은 나무를 심고, 20년 앞을 내다보는 사람은 사람을 심는다.'

나쁜 날씨란 없다, 다른 날씨가 있을 뿐

習관

돈, 뜨겁게 사랑하고
차갑게 다루어라

나쁜 날씨란 없다. 다른 날씨가 있을 뿐이다.

이것이 바로 '플러스 발상법'이다.

낙관적인 사고와 미래지향적인 행동은

부자들의 습관이기도 하다.

돈

그것은 바닷물 같아
먹으면 먹을수록
더 목마르다고
이백 년 전, 쇼펜하우어가 말했다.

한 세기가 지났다.

이십 세기의 마지막 가을
앙드레 코스톨라니가
93세로 세상을 뜨며 말했다.

돈, 뜨겁게 사랑하고
차갑게 다루어라.

그리고 오늘
광화문 네거리에서
삼팔육 친구를 만났다.

한 잔 가볍게
목을 축인 그가
아주 쿨하게 웃으며
이렇게 말했다.

주머니가 가벼우니
좆도 마음이 무겁군!

—고두현

늘 자신을 '순종 투자자'로 지칭하며 투자라는 '지적 모험'을 즐기다 간 유럽 제일의 투자자 앙드레 코스톨라니(Andre Kostolany). 그는 죽기 직전 탈고한 원고에서 돈과 인생의 황금률을 얘기했다. 그는 경제와 주식의 원리를 딱딱한 이론이 아닌 부드러운 비유와 상징으로 잘 설명했다.

"한 남자가 개와 산책을 한다. 보통 개들이 그렇듯 주인보다 앞서 달려가다가 주인을 돌아본다. 그리고 다시 달려가다 주인보다 너무 많이 달려왔다 싶으면 돌아간다. 그렇게 둘은 산책하며 같은 목표지점에 도달한다. 주인이 1킬로미터를 걷는 사이 개는 쉬었다 달리기를 반복하며 4킬로미터를 움직인다. 여기서 주인은 경제이고 개는 증권시장이다."

이 이야기 끝에 그는 "자기 돈을 가지고 우량주에 투자하라. 그리고 수면제를 먹고 한 몇 년 간 푹 자라"는 원칙을 덧붙이면서 슬며시 미소 짓는다. 물론 "투자는 놀이이므로 그것을 즐기는 사람만이 부자가 된다"는 원리도 들려준다.

좀 더 구체적인 지침을 원하는 사람들은 다음의 4가지 투자 덕목을 배울 수 있다. 돈-절대 빚내서 투자하지 마라. 생각-시간을 갖고 사고하라. 인내-자신의 결정을 믿고 지켜라. 행운-운이 따르도록 행동하라.

이런 모든 조언을 아우르는 핵심 문구는 바로 '돈, 뜨겁게 사랑하고 차갑게 다루어라'이다.

'검약'의 어원은 '번영하다'

영국 은행가협회장과 런던상공회의소 의장, 런던대학교 부총장을 지낸 존 러벅은 어떤가. 그는 '가난이 방문으로 들어오면 사랑은 창문으로 달아난다'는 속담과 함께 '검약(thrift)'의 어원이 '번영하다(thrive)'라는 사실을 자주 일깨웠다.

"연 수입이 20파운드인데 지출이 19파운드 6센트라면 그 사람은 행복하다. 그러나 20파운드를 버는 사람이 20파운드 6센트를 쓸 때, 그로부터 불행은 시작된다. 두 사람이 쓰는 돈의 차이는 단 1파운드밖에 되지 않지만 이들의 삶은 그 때문에 엄청난 차이를 보이게 된다."

20대에 은행장이 될 정도로 성공한 그는 '돈과 인생'을 주제로 한 연설에서 늘 '검약과 투자'의 중요성을 강조했다. 균형 잡힌 인생을 설계하려면 '인격과 자기계발'이 뒤따라야 한다는 사실도 빼놓지 않았다.

또 하나, 부자가 되려면 긍정적인 사고방식을 가지는 게 중요하다고 조언했다.

"우리는 가끔 날씨가 나쁘다는 이야기를 듣는다. 그러나 실제로 나쁜 날씨란 없다. 모든 날씨가 각자 다른 방식으로 기쁨을 선사한다. 햇살은 유쾌하고 비는 상쾌하며 바람은 우리를 기운 나게 하고 눈은 마음을 들뜨게 한다. 영국 사상가 존 러스킨이 말했듯이 나쁜 날씨란 없다. 다른 날씨가 있을 뿐이다."

이것이 바로 '플러스 발상법'이다. 낙관적인 사고와 미래지향적인 행동은 부자들의 습관이기도 하다.

부자들의 낙관적인 사고와 미래지향적인 습관

『부자 습관(Rich Habits)』의 저자인 토머스 콜리도 "몇 년에 걸친 연구 결과 부자들은 대부분 낙관주의자였다"고 했다. 그가 자신의 웹사이트에 공개한 부자들의 10가지 습관을 보자.

1. 부자는 그들의 좋은 습관이 삶에 중요한 영향을 미친다고 믿는다. "매일의 습관은 삶의 재정적 성공에 있어 아주 중요하다." 부자의 52퍼센트가 이에 동의했지만 가난한 사람은 3퍼센트만이 수긍했다. 부자들은 습관이 모여 행운을 만들어 준다고 믿는다.

2. 부자는 아메리칸 드림, 즉 성공신화를 믿는다. 부자들은 이를 98퍼센트나 인정하지만 가난한 사람들은 13퍼센트만 받아들였다.

3. 부자는 전문가가 되기 위한 인간관계와 개인적인 성장을 중시한다. "관계는 재정적 성공의 핵심"이라는 얘기에 부자는 88퍼센트가 동의하고, 가난한 사람은 17퍼센트만 동의했

다. 부자는 그들의 관계가 성공에 중요할 뿐만 아니라 이를 유지하기 위해서도 많은 노력을 들여야 한다고 느끼고 있다. 이들은 평생 친구들에게 축하 전화를 해주는 습관을 기르고, 생일을 축하해주고, 안부를 묻는다.

4. 부자는 새로운 사람과 만남을 즐긴다. 새 사람을 만나는 것을 좋아하는 것과 남들이 자신을 좋아하는 것 역시 재정적 성공에 중요하다고 믿는다.(95퍼센트). 가난한 사람은 겨우 9퍼센트만 그렇다.

5. 부자는 저축이 매우 중요하다고 생각한다. 수입의 80퍼센트를 생활비로 쓰고 20퍼센트를 저축하는 '80/20법칙'을 지킨다.

6. 부자는 인생의 갈림길에서 결단력을 발휘했다고 느낀다. "내가 얘기해본 대부분의 부자들은 사업하는 사람이었으며 항상 부자인 상황은 아니었다. 하지만 그들은 이런 태도를 갖고 있었기에 뭐든지 할 수 있었다."

7. 부자는 지식보다는 창조성(창의력)에 더 가치를 둔다. "당신이 내 통계를 본다면 많은 부자들이 C학점 학생들이라는 것을 알게 될 것이다. 부자가 되는 사람에게는 단지 똑똑하다는 것 외에 그 무엇이 있다."

8. 부자는 자신의 일을 즐긴다. "재정적인 성공은 창조적 아이디어와 연결돼 있는데 부자들은 이를 가치 있는 돈으로 바꾼다."

9. 부자는 건강이 성공에 영향을 미친다고 믿는다. "건강하다는 것은 아픈 날이 더 적다는 것을 의미하며, 이는 더 많은 생산성과 더 많은 돈으로 해석된다."

10. 부자는 위험을 감수한다. "많은 자수성가자들은 고난의 학교에서 배움으로써 스스로를 가르치는 방법을 마스터했기에 성공했다. 부자 가운데 27퍼센트는 적어도 한 번 이상 인생이나 사업에서 실패를 경험했다."

그래야 다섯 줌의 쌀로도 배부를 수 있지

미국의 경제매체 아이엔씨닷컴(Inc.com)이 분석한 '빌 게이츠의 부자 습관 6가지'도 흥미롭다. 세계 최고의 부자답게 빌 게이츠의 '돈 관리법' 중 첫째는 현금을 신중하게 관리하는 것이다. 그는 "재정에 어떤 문제가 생겨도 전 직원의 1년치 급여를 주기에 충분한 현금을 은행에 보관해놓기를 원한다"고 말한다.

"지금도 거의 100억 달러를 은행에 맡겨 놓고 있는데 어떤 문제가 생겨도 내년까지 직원들에게 급여를 주기에 충분한 액수다."

다음으로는 부를 지키기 위해서라도 '항상 배운다' '모든 책을 읽는다'는 것이다. 그가 하버드대를 중퇴한 것은 폴 앨런과 힘을 합쳐 소프트웨어 회사를 차릴 절호의 시기라고 판단했기 때문이다. 그래서 등록하지 않고도 다양한 강의를 들었다. 그는 백과사전을 비롯해 과학 소설 등 분야를 가리지 않고 모든 종류의 책을 읽는 독서광이기도 하다.

이런 지식과 정보의 바탕 위에서 '같이 일하는 사람을 신뢰한다' '실수로부터 배운다'는 철학도 가능했던 것 같다. 그는 "이제까지 사업상의 결정 중 최고로 잘한 것은 사람을 잘 뽑은 것과 연관이 있다"며 "같이 일하는 사람들을 신뢰하는 것이야말로 가장 현명한 일"이라고 했다. 또 "마이크로소프트가 세계적 기업으로 성공한 데는 나와 동료들이 실수를 빨리 깨닫는 능력을 갖고 있었기 때문"이라면서 "많은 실수를 했지만 빨리 이를 깨닫고 다른 접근 방법을 찾은 게 성공의 비결이었다"고 평가했다.

'하루에 최소한 7시간 이상 잠을 충분히 잔다'는 것도 재미있다. "잠을 이 정도로 자지 못하면 창조적이 될 수 없다"는 게 그의 체험담이다.

그렇다고 돈을 최우선 가치로 삼자는 건 아니다. 돈을 빨아들이기만 하고 내보낼 줄 모르거나, 수전노로 전락해서는 안 된다. 돈이 행복을 방해하는 것도 경계해야 한다. 균형 잡힌 인생을 설계하려면 '인격과 자기계발'이 뒤따라야 하는 것처럼 풍요로운 인생을 누리려면 마음과 물질이 균형을 이뤄야 한다.

일찍이 일본 선승 료칸은 "다섯 줌의 쌀만 있으면 그것으로 행복할 수 있다"며 이런 시를 남겼다.

자루 속 석 되의 쌀 / 이로리 옆 한 다발의 땔감 / 누가 미오(迷惡)를 묻는가 / 명리는 티끌과 같은 것 / 밤비 내리는 초암 / 두 다리를 마음껏 쭉 펴고 사네.

이렇듯 우리 삶이 검약과 번영의 텃밭 위에서 정신의 안락과 자재(自在)의 경지까지 가 닿을 수 있다면 얼마나 좋을까. 이미 200년 전 쇼펜하우어와 100년 전 앙드레 코스톨라니가 먼저 깨닫고 우리에게도 알려줬으니…….

배려

단 한 사람의 인생이라도
행복해지는 것

자신이 태어나기 전보다 조금이라도 나은 세상을
만들어놓고 가는 것이 진정한 성공이다.

성공이란

자주 그리고 많이 웃는 것,
지혜로운 사람에게 존경받고
해맑은 아이들에게 사랑을 받는 것,
정직한 비평가들에게 인정받고
거짓된 친구들의 배반을 견뎌내는 것,
진정한 아름다움을 발견하고
다른 사람의 장점을 알아보는 것,
튼튼한 아이를 낳거나
한 뼘의 정원을 가꾸거나
사회 여건을 개선하거나
무엇이든 자신이 태어나기 전보다
조금이라도 나은 세상을 만들어 놓고 가는 것,
자네가 이곳에 살다 간 덕분에
단 한 사람의 삶이라도 더 풍요로워지는 것,
이것이 바로 성공이라네.

—랠프 월도 에머슨

7대를 이어온 목사 집안에서 태어난 랠프 월도 에머슨은 9세 때 아버지를 여의고 외로운 성장기를 보냈다. 19세 때 하버드에 진학, 23세 때부터 목회 활동을 시작했지만 25세 때 폐결핵이라는 불행의 마수에 사로잡혔다. 이후 플로리다와 사우스캐롤라이나 등을 여행하며 설교에 힘을 쏟았지만, 지나치게 인습화된 교인들에게 외면을 받았다.

결국 그는 '최후의 만찬'이라는 설교를 끝으로 목회를 그만두고 유럽으로 건너가 사색과 성찰의 여행을 시작했다. 여러 가르침을 남겼지만, 그중에서도 '영혼의 위대성과 스스로의 신뢰'에 대한 가르침은 그의 뛰어난 통찰의 깊이를 보여준다.

"너 자신을 믿어라. 그러면 그 현의 떨림이 많은 사람들의 심금을 울릴 것이다. 신의 섭리로 맡겨진 너의 지위와 동시대 사람들로 이루어진 사회, 그리고 거기에서 일어나는 여러 사건들과 관계를 받아들여라. 운명의 여신과 도박을 해서 승리했다고 해도 이를 버리고 신의 법관인 원인과 결과와 거래하라. 당신에게 평화를 가져다줄 수 있는 사람은 자기 자신뿐이다."

그러다가 그는 「성공이란」이라는 시를 썼는데, 이 시가 많은 이들의 성공 관념을 뒤바꾸어 놓았다.

그는 '자신이 태어나기 전보다 조금이라도 나은 세상을 만들어 놓고 가는 것'이 진정한 성공임을 것을 일깨워주려 했다. 마지막 구절의 '자네가 이곳에 살다간 덕분에 단 한 사람의 삶이라도 더 풍요로워지는 것'은 오래 음미할수록 깊은 맛이 우러난다. 여기서의 '단 한 사람'은 곧 '수많은 개인들'이기도 하고 자기 자신이기도 하다.

생각해보면, 우리는 각각 '하나'이면서 또한 '모두'이다. '내'가 어떻게 하느냐에 따라 '우리'가 달라지고, 그로 인해 또 '내'가 변화한다. 이 시를 읽고 나서 영국 웨스트민스터 대성당 지하 묘지에 있는 한 성공회 주교의 묘비명을 읽으면, 인생의 의미가 더욱 새롭게 다가온다.

젊고 자유로워 상상력의 한계가 없었을 때

나는 세상을 변화시키겠다는 꿈을 가졌다.

좀 더 나이가 들고 지혜를 얻자

나는 세상이 변하지 않으리라는 것을 알았다.

그래서 시야를 조금 좁혀

내가 살고 있는 나라를 변화시키겠다고 결심했다.

그러나 그것 역시 불가능한 일이었다.

황혼의 나이가 되었을 때 나는 마지막으로

나와 가까운 내 가족을 변화시키겠다고 마음먹었다.

그러나 누구도 달라지지 않았다.

이제 죽음을 맞이하기 위해 누운 자리에서

나는 깨닫는다.

만일 내 자신을 먼저 변화시켰다면

그것을 보고 내 가족이 변화되었을 것을…….

또한 그것에 용기를 얻어

내 나라를 더 좋은 곳으로 바꿀 수 있었을 것을…….

그리고 누가 아는가.

세상까지도 변했을지.

진정한 성공의 조건

이와 비슷한 영화도 한 편 있다. 기발하면서도 아련한 웃음을 선사하는 「나초 리브레」다. 처음 봤을 땐 미처 몰랐는데 나중에야 '아하, 이 시와 참 닮은 점이 많구나' 생각하게 되었다.

나초 리브레는 멕시코의 먹거리 '나초'와 프로 레슬링을 뜻하는 멕시코어 '루차 리브레'를 합친 말이다. 이 영화는 한 작은 교회 신부가 신분을 감추고 프로 레슬링 무대에 올라 수많은 아이들을 먹여 살린 실화를 바탕으로 하고 있다.

1998년 5월, 무수한 관중이 멕시코시티의 한 프로 레슬링 경기장에 앉아 있었다. 한 늙은 레슬러의 은퇴식을 지켜보기 위해서였다. 이 레슬러는 1975년 프로 레슬링에 입문해 항상 황금색 가면을 쓰고 경기를 진행해온 '마법사의 폭풍'이었다. 그는 화려한 분장과 현란한 개인기로 언제나 관중을 열광의 도가니에 빠뜨렸다. 그의 가장 큰 힘은 위기의 순간마다 꺾이지 않고 다시 일어나 상대 선수를 제압하는 놀라운 의지력이었다. 무려 23년간 팬들에게 깊은 인상을 심어준 마법사의 폭풍은 53세의 중년이 되어 자신을 아껴준 팬들을 위해 마지막 선물을 준비하고 있었다.

그가 링 위에 오르자 관중들은 기립박수로 그에 대한 사랑과 존경을 표현했다. 박수가 잦아들 즈음 마법사의 폭풍이 천천히 황금가면을 벗었다. 23년 만에 처음 있는 일이었다. 모든 관중이 숨을 죽였다. 황금가면을 벗은 마법사의 폭풍 역시 감격에 젖어 울고 있었다. 그는 천천히 입을 열었다.

"여러분, 감사합니다. 저는 작은 가톨릭교회의 신부인 세르지오 구티에레스입니다. 레슬링을 하는 동안 착한 우리 고아들을 잘 키워낼 수 있었고, 그들에게 꿈과 희망을 줄 수 있어 더없이 행복했습니다."

그의 말이 끝나고 한동안 정적이 이어지더니 곧이어 뜨거운 기립박수가 쏟아졌다. 세르지오 신부는 23년 동안 신분을 감추고 레슬링 무대에 올랐고, 그 수익금으로 3천여 명의 고아를 돌봐왔던 것이다.

문득 이런 생각이 들었다. 삶의 여정을 마치고 죽음 직전에 이르렀을 때, 그 순간의 표정이야말로 우리 인생의 마지막 성적표일 것이다. 우리는 살면서 수많은 일을 겪는다. 죽음 직전의 짧은 순간에는 그 모든 기억들이 파노라마처럼 펼쳐진다. 당연히 좋은 기억을 많이 가진 사람은 행복한 표정을 지을 테고, 나쁜 기억을 많이 가진 사람은 불행한 표정을 지을 것이다. 그러니 진정으로 행복한 표정이 나오도록 좋은 추억을 많이 만들어야 한다. 그렇다면 죽을 때 행복한 표정을 지을 수 있어야 진짜 성공한 인생이라고 했는데 구체적으로 무엇을 어떻게 하면 될까?

좋은 기억이란 데이트할 때와 비슷하다. 어떻게 하면 상대를 더 기쁘게 해줄까 하는 생각에서 시작된다. 자기를 아끼는 일은 누구든 할 수 있지만, 진심으로 남을 위할 줄 아는 마음, 나를 넘어서 타인의 행복을 위해 기도하는 자세, 누군가의 '추억의 필름'을 아름답게 꾸며주는 일은 말처럼 쉽지 않다. 그리고 이것이야말로 우리의 성취감을 더 크게 키워준다.

언젠가 방송에서 이어령 선생의 대담 프로그램을 본 적이 있었다. 이런저런 얘기 끝에 "진짜 성공적인 인생은 무엇일까요?"라는 질문을 받자 이어령 선생은 이렇게 간단히 답했다.

"우린 모두 태어날 때 울게 됩니다. 대신 곁에 있는 사람들은 다들 좋아하고 축하하지요. 반대로 세상을 떠날 때 나는 편안하게 웃고, 남들은 모두 보내기 싫어 슬피 우는 인생, 이것이 바로 성공적인 인생이지요."

참으로 간단명료한 비유여서 무릎을 칠 수밖에 없었다. 이는 『티베트 사자의 서』에도 나오는 내용이다. 그 구절을 그대로 옮겨본다.

내가 태어났을 때 나는 울었고,
내 주변의 모든 사람은 웃고 즐거워하였다.
내가 내 몸을 떠날 때 나는 웃었고
내 주변의 모든 사람은 울며 괴로워하였다.

독서

하루에 네 끼를 먹어라

책은 탁월한 성장 호르몬이다.

원초적인 꿈의 시발이고 온 삶의 밑거름이다.

모름지기 나무란 기름진 흙으로 북돋워줘야만

뿌리도 튼튼하고 그 열매도 단단하지 않던가.

따뜻한 책

행간을 지나온 말들이 밥처럼 따뜻하다
한마디 말이 한 그릇 밥이 될 때
마음의 쌀 씻는 소리가 세상을 씻는다
글자들의 숨 쉬는 소리가 피 속을 지날 때
글자들은 제 뼈를 녹여 마음의 단백이 된다
서서 읽는 사람아
내가 의자가 되어줄게 내 위에 앉아라
우리 눈이 닿을 때까지 참고 기다린 글자들
말들이 마음의 건반 위를 뛰어다니는 것은
세계의 잠을 깨우는 언어의 발자국 소리다
엽록처럼 살아 있는 예지들이
책 밖으로 뛰어나와 불빛이 된다
글자들은 늘 신생을 꿈꾼다
마음의 쟁반에 담기는 한 알 비타민의 말들
책이라는 말이 세상을 가꾼다

—이기철

누구나 알겠지만 책은 평생 친구다. 끼니를 걱정해야 했던 어린 시절, 산에 나무하러 가다가 풀숲에 주저앉아 읽었던 『로빈슨 크루소』나 『톰 소여의 모험』은 지금까지도 내게 '불알친구' 같은 존재다. 사실은 고전 읽기 대회에 나가기 위한 준비였지만, 『삼국사기』나 동명성왕 이야기는 또 얼마나 가슴 벅찼던가.

어느 날 어머니가 나를 무릎 위에 앉히고 "오늘 노스님이 다녀가셨는데, 밥은 굶어도 책은 읽히라고 하시더구나"라고 말씀하셨다. 그날 "잎은 무성한데 뿌리가 약하니 북을 많이 돋워주라"는 말을 나는 오래도록 잊지 못했다.

책은 탁월한 성장 호르몬이다. 원초적인 꿈의 시발이고 온 삶의 밑거름이다. 모름지기 나무란 기름진 흙으로 북돋워줘야만 뿌리도 튼튼하고 그 열매도 단단하지 않던가.

나는 종종 내 고향 남해로 유배를 왔던 『구운몽』의 작가 김만

중을 생각한다. 조선 시대의 위대한 문장가였던 그는 유배의 섬 남해 노도에 갇혀 거기서 일생을 마감했다. 탄생에서도 우여곡절이 가득했다. 그는 병자호란 때 서해 바다의 피난선 위에서 태어났다. 아버지가 인조를 따라 강화도까지 쫓겨 갔다가 굴욕적인 항복 이후 스스로 목숨을 끊자, 어머니 해평 윤씨는 만삭의 몸으로 피난선에 올랐고 갑판 위에서 김만중을 낳았다.

윤씨는 아버지 얼굴을 모르고 자라는 아들을 볼 때마다 가슴이 아팠다. 그래서 아들을 엄하게 교육시키며 책 하나만은 잘 읽히리라 결심했다. 하지만 어려운 살림살이에 책 사줄 돈이 넉넉할 리 없었다.

결국 윤씨는 옥당에서 서책을 빌려다가 손으로 베껴 필사본을 만들었다. 그 책으로 아들을 공부시키면서 틈틈이 "너는 남과 다르니 배움이 한층 깊어야 한다"고 당부하곤 했다. 그리고 곤궁한 들에서 얼마 안 되는 곡식을 거두면, 그것으로 『논어』『맹자』 『중용』을 먼저 구하고, 손수 짠 명주를 팔아『춘추좌씨전』을 샀다. 그런 날이면 손끝에 피멍이 맺혀 밤새 잠을 이루지 못했다.

스승을 따로 모실 수 없었으므로 직접 당시(唐詩)를 가르치고, 게으름을 부릴 땐 눈물로 회초리를 꺾어들었다. 한 시대의 양심을 유배지에서 꽃피운 대학자의 기품은 이처럼 깊은 슬픔 속에서 책과 더불어 자라났다.

최고의 자양분이자 무기

책은 밥이다. 좋은 책 한 권은 일생의 끼니보다 더 귀하다. 키신 저는 어린 시절, 아버지로부터 "하루에 네 끼를 먹어라"는 얘기를 입버릇처럼 들었다. 밥 세 끼 먹는 일처럼 책 한 끼를 꼭 거르지 말라는 당부였다.

아인슈타인도 15세 때 이미 스피노자와 데카르트를 평할 만큼 많은 책을 읽었다. 사실 책은 누구에게나 똑같은 자양분을 선사한다. 다만 그것을 얼마나 깊이 빨아들여 자신의 것으로 만드는가가 다를 뿐이다.

나폴레옹 역시 전쟁터에서조차 손에서 책을 놓지 않았다. 아무리 험한 전장에 나서도 책이 가득 든 마차, 즉 이동도서관을 대동했다. 그의 연전연승 비결도 바로 그 책의 갈피들 속에서 나왔다. 그리고 잇단 승리로 교만해져 더 이상 책을 읽지 않고 전쟁에 임한 순간, 그는 무참히 패배했다. 나폴레옹에게 책은 운명의 명암을 그대로 비추는 거울이었던 셈이다. 그의 책이 밝은 빛으로 행간을 열어 보일 때 그의 군대는 승전보를 울렸고, 그의 책이 어둠 속에 처박혀 있을 때 그의 삶은 빛을 잃었다. 이처럼 우리는 한 권의 책, 양 페이지에 영웅의 빛과 그림자가 대조적으로 펼쳐져 있는 것을 보게 된다.

책은 사랑의 중매자

책은 또 사랑의 중매자다. 문학평론가 김병익 씨는 일찍이 『어린왕자』 덕분에 사랑의 결실을 이뤘던 일을 털어놓았다. 초등학교 5학년 때 전학 온 여학생을 좋아했는데, 고등학교를 졸업하고 같은 대학에 들어가서도 말 한 번 걸어보지 못했다. 그러다가 대학 1학년 때 수줍게 데이트를 신청했지만 보기 좋게 거절당했고, 3학년과 4학년 때도 번번이 퇴짜를 맞았다.

그러던 어느 날, 그는 도스토예프스키의 『백치』를 읽다가 이 여인과는 운명적으로 불가능하리라는 예감에 자포자기했다고 한다. 그러다가 신문사에 입사했고, 한번은 남은 미련을 씻어내자는 마음으로 전화를 했다.

그런데 의외로 그녀의 반응은 순순했다. 곧 이어진 첫 만남에서 그는 그녀로부터 생텍쥐페리의 『어린 왕자』 얘기를 듣고는 순발력을 발휘해 그 책을 빌리고 싶다고 말했다. 프랑스 갈리마르 판의 그 아름다운 책이 오가는 가운데 두 사람은 급격하게 가까워졌고, 마침내 둘은 평생 연분을 맺었다. 나중에 고(故) 김현 씨의 번역으로 문예출판사에서 번역돼 나온 이 책 한 권이 한 커플의 중매자가 된 것이다.

책의 울림을 느껴라

책을 좋아하는 사람은 표정부터 다르다. 눈빛도 다르다. 책 많이 읽은 사람을 들자면 민재기 전 단국대 교수를 빼놓을 수 없다. 그는 새벽에 눈 떠서 저녁에 자리에 들 때까지 가장 값진 일은 독서라고 말한다. 그는 "선인들도 돈이 가득한 금고보다 책이 가득한 서재를 가지라고 권했다"며 "독서처럼 돈 안 드는 오락도 없고, 독서처럼 오래 가는 기쁨도 없다"고 강조했다.

실생활에서도 마찬가지다. 독서를 많이 하는 사람은 직접 큰 실패를 경험하지 않고도 많은 지혜를 얻지만, 책 읽기에 게으른 사람은 실패를 경험하고 나서야 잘못을 통감한다. 예로부터 남의 물건을 내 것으로 만들면 도둑이 되지만, 남의 지혜를 내 것으로 만들면 위대한 선각자가 된다고 했다. 민재기 전 교수가 일러주는 '좋은 독서법'이 있다.

첫째, 책 선택을 잘 해야 한다. 읽은 사람에게 그 책에 대해 꼭 물어본다.

둘째, 가장 관심 있는 분야부터 읽되 편식은 하지 말아야 한다. 문학도도 과학서적을 읽어야 하고 과학도도 문학서적을 읽어야 한다.

셋째, 한 번에 두세 권을 같이 읽는 습관을 길러야 한다. 소설책이 아니라면 한 번에 한 권만 계속 읽지 말고 이것저것 바꿔 읽으면 더 능률적이다.

넷째, 메모해두고 싶은 대목이 있으면 기록해야 한다. 독서량이 많을수록 읽은 것을 다 기억하기 힘들기 때문이다.

이처럼 책은 군것질 같은 '여분의 간식'이 아닌 '반드시 필요한 양식'이다. 책에서 영혼의 샘물을 얻는 것은 어쩌면 모두의 의무이기도 하다. 우리에게는 저마다 삶의 높낮이를 가늠하면서 보다 나은 삶으로 자신을 이끌 책임이 있다. 이는 지상에서 가장 행복한 의무일 것이다.

더구나 그 행복을 남에게 베풀 수 있다면 얼마나 큰 기쁨인가. 어려울 때나 풍요로울 때나, 책을 선물하는 모습은 아름답다. 배고픈 사람에게 한 끼의 밥이 생존이듯이, 마음이 공허한 이에게 책은 영혼의 생명줄이다. 책은 스스로의 울림으로 우리 인생을 변화시키고 감복하게 만든다. 어두운 곳에서 한 줄기 빛으로 뻗어오는 희망, 그것이 바로 책이며, 마음의 양식이다.

행복한 독서 10계명

1. 잘생긴 나무를 택하라: 능동적으로 찾아 읽어라

가장 좋은 책을 고르는 일은 안목을 높이는 출발점이다. 잡목 사이에서 잘생긴 나무를 찾아내듯, 뛰어난 저작을 골라 필독서 목록을 만들고 단계별로 한 권씩 정독하라.

2. 넓은 숲을 거닐어라: 많이 읽어라

필요한 책을 소화했다면 서서히 지평을 넓혀라. 잘생긴 나무를 중심으로 숲 전체를 조망하라. 편안하게 산책하듯 거닐다 보면 어느새 관심 목록도 하나씩 늘어나고, 시야가 확장되는 만큼 지식과 정보의 폭도 넓어지게 된다.

3. 뿌리를 짚어라: 깊게 생각하라

사물이나 현상의 본질을 꿰뚫는 책을 골라라. 나무의 생육 속도를 알려면 뿌리를 봐야 한다. 시대 변화의 흐름을 정확하게 파악하는 것도 마찬가지다. 다가올 변화를 예측할 수 있는 능력은 이 깊은 통찰에서 나온다.

4. 함께 나눠라: 수다도 힘이다

혼자만 알고 있으면 무슨 재미겠는가. 마음 맞는 사람들끼리 독서토론을 즐기는 일은 그래서 더 의미 있다. 커피를 마시면서 나누는 책 이야기는 위대한 수다의 힘을 보여준다.

5. 멀리 보라: 트렌드를 읽고 예측력을 길러라

책은 과거의 등과 현재의 가슴, 미래의 눈을 가진 생명체다. 활자 속에 펼쳐지는 트렌드의 흐름을 읽고 행간마다 숨겨진 미래 전망 능력을 활용할 줄 알면 금상첨화다.

6. 가로로 읽고 세로로 생각하라: 아이디어의 교차점을 찾아라
식당의 '맛있는 음식'과 주인의 '다정한 미소'에서 단골고객이 탄생하듯, 깊이 있는 전문지식과 인접 분야의 교양을 함께 체득하는 것이야말로 자신을 재창조하는 힘이 된다. 활자 사이를 넘나드는 생각의 씨줄과 날줄에서 빛나는 아이디어의 교차점을 찾아라.

7. 메모하고 실행하라: 메모가 인생의 흐름을 바꾼다
똑같은 동굴을 보고 누구는 철광을 생각하고 누구는 금맥을 발견한다. 아무리 귀한 가르침도 자기 것으로 체화하지 않으면 소용없다. 책을 읽으며 메모하는 습관을 들여라. 그리고 반드시 실천하라. 메모의 숫자만큼 달라진 인생이 눈에 보일 것이다.

8. 멘토를 만들어라: 책 속에 삶의 지도가 있다
이 세상이 한 권의 책이라는 말이 있다. 그리고 이 책 속에는 스승들이 있다. 어마어마한 복합도서관보다는 지혜와 경륜이 녹아있는 '단 한 권의 세상'이 더 소중할 수도 있다. 진정 닮고 싶은 멘토를 골라서, 그가 쓴 책을 읽자. 또 그들이 좋아하는 인물에 관한 책도 하나씩 찾아읽자.

9. 시간을 경영하라: 아침 독서는 하루치의 비타민이다

아침에 읽는 책은 잠자는 뇌를 깨워주는 청량제다. 머리를 맑게 해주고 이성과 감성의 촉수를 일으켜 세운다. 게다가 상상력과 추리력, 어휘력까지 키워준다. 10분 운동처럼 날마다 자신의 뇌를 깨워줄 아침 독서의 상쾌한 맛, 첫사랑처럼 설레는 책과의 아침 데이트를 즐기자.

10. 쾌감지수를 높여라: 맛있어야 손이 간다

책 읽는 즐거움은 '영혼의 오르가슴'과 같다. 느낄수록 신비롭고 황홀하다. 새로운 것을 아는 기쁨, 세상 이치를 확인하고 무릎을 치며 깨닫는 환희, 고전의 그루터기에서 새순의 향기를 재발견하는 쾌감, 그래서 좋은 책은 달콤한 아이스크림 같기도 하고 잘 숙성된 와인 같기도 하다. 신선한 미감과 오래 숙성된 질감을 동시에 즐길 수 있는 책의 묘미, 그 쾌감지수를 극대화하는 주역은 바로 당신이다.

사랑

가난하다고
꿈조차 가난하랴

결핍이 오히려 사랑을 완성시킨 힘이었을지도 모른다.

가난은 인생에서 큰 멍에지만,

가난하다고 해서 사랑을 외면하거나

꿈을 접을 수는 없다는 긍정성 또한 영원한 진실이다.

가난한 사랑 노래
—이웃의 한 젊은이를 위하여

가난하다고 해서 외로움을 모르겠는가
너와 헤어져 돌아오는
눈 쌓인 골목길에 새파랗게 달빛이 쏟아지는데.
가난하다고 해서 두려움이 없겠는가
두 점을 치는 소리
방범대원의 호각소리 메밀묵 사려 소리에
눈을 뜨면 멀리 육중한 기계 굴러가는 소리.
가난하다고 해서 그리움을 버렸겠는가
어머님 보고 싶소 수없이 뇌어보지만
집 뒤 감나무 까치밥으로 하나 남았을
새빨간 감 바람소리도 그려보지만.
가난하다고 해서 사랑을 모르겠는가
내 볼에 와 닿던 네 입술의 뜨거움
사랑한다고 사랑한다고 속삭이던 네 숨결

돌아서는 내 등 뒤에 터지던 네 울음.
가난하다고 왜 모르겠는가
가난하기 때문에 이것들을
이 모든 것들을 버려야 한다는 것을.

—신경림

언제 읽어도 콧등이 찡해지는 시 중에 신경림의 「가난한 사랑
노래」가 있다. 어느 날 신경림 시인으로부터 이 시를 쓰게 된 사
연을 들었다. 그가 길음동 산동네에 살 때였다고 한다. 집 근처
에 자주 들르던 선술집이 있었는데, 거기서 한 가난한 젊은이를
알게 됐다. 부조리한 세상에 용감하게 맞서는 열정을 지닌 청년
이었다. 한편으로는 많이 배우지 못하고 가난한 처지를 못내 부
끄러워하는 순박한 젊은이였다.

  하루는 그 청년이 고민을 털어놨다. 바로 이 집 딸과 사랑하
는 사이인데, 자신이 너무 가난해 결혼하자는 말을 꺼내기가 힘
들다는 것이었다. 하긴 딸을 가진 부모 입장에선 빈곤한 노동자
를 사위로 맞아들이고 싶지 않았을 것이다. 청년은 그 집 딸과
헤어졌다가 만나기를 여러 번 반복해왔다고 말했다.
  그 얘기를 들은 시인은 청년에게 모든 어려움을 극복하고 둘

이 결혼을 하면 주례도 서주고 축시도 써주겠노라고 약속했다. 그 말에 힘을 얻었는지 둘은 머지않아 결혼식을 올렸다. 당시 결혼식장에서 시인이 그들을 위해 읽어준 축시가 바로「너희 사랑」이다.

낡은 교회 담벼락에 쓰여진
자잘한 낙서에서 너희 사랑은 싹텄다
흙바람 맵찬 골목과 불기 없는
자취방을 오가며 너희 사랑은 자랐다
가난이 싫다고 이렇게 살고 싶지는 않다고
반병의 소주와 한 마리 노가리를 놓고
망설이고 헤어지기 여러 번이었지만
뉘우치고 다짐하기 또 여러 밤이었지만
망설임과 헤매임 속에서 너희 사랑은
굳어졌다 새 삶 찾아나서는
다짐 속에서 너희 사랑은 깊어졌다
돌팔매와 최루탄에 찬 마룻바닥과
푸른옷에 비틀대기도 했으나

소주집과 생맥주집을 오가며
다시 너희 사랑은 다져졌다
그리하여 이제 너희 사랑은
낡은 교회 담벼락에 쓰여진
낙서처럼 눈에 익은 너희 사랑은
단비가 되어 산동네를 적시는구나
훈풍이 되어 산동네를 누비는구나
골목길 오가며 싹튼 너희 사랑은
새 삶 찾아나서는 다짐 속에서
깊어지고 다져진 너희 사랑은

이렇게 애틋한 사랑의 결실이었음에도 그들의 결혼식은 비좁고 허름한 지하실에서 이뤄졌다. 청년이 노동운동으로 지명수배를 받아 쫓기는 신세였기 때문이었다.

그러나 이 은밀한 결혼식에는 순박한 감동이 있었다. 축하객이라고 해봤자 다 합쳐봐야 열댓 명 정도에 지나지 않았지만 모두 마음 깊은 곳에서 우러나오는 축하를 보냈다.

결혼식이 끝나자마자 곧장 집으로 돌아온 시인은 두 사람이

겪은 마음고생과 인생의 쓰라림을 달래는 마음으로 시 한 편을 더 썼다. 이때 탄생한 시가 바로 「가난한 사랑 노래」다.

"가난하다고 해서 외로움을 모르겠는가 / 너와 헤어져 돌아오는 / 눈 쌓인 골목길에 새파랗게 달빛이 쏟아지는데."

첫 구절만 읽어도 금세 눈시울이 뜨거워진다. 방범대원의 호각 소리만 들어도 가슴이 철렁하고, 밤마다 잠을 설치며, 낮에는 육중한 현실의 기계음에 시달리는 노동자의 마음에 어찌 두려움과 그리움이 없겠는가. 가난하다고 해서 어찌 사랑을 모르겠는가. 안타깝기 그지없는 사랑의 아픔 속에서 '가난하기 때문에 이것들을, 이 모든 것들을 버려야 한다는 것을' 가난하다고 왜 모르겠는가 말이다.

하지만 그 결핍이 오히려 이들의 사랑을 완성시킨 힘이었을지도 모른다. 시인의 얘기처럼 가난은 인생에서 큰 멍에지만, 가난하다고 해서 사랑을 외면하거나 꿈을 접을 수는 없다는 긍정성 또한 영원한 진실이다.

시인은 이 시에서 '가난하기에 오히려 더욱 더 치열하게 살아야만 한다'고 말하고 싶었다고 한다. 쉽게 좌절하지 않고 노력하는 젊은이들에게는 반드시 좋은 결과가 있다는 것을 잘 알았기 때문이다.

그때 그 젊은 부부는 지금 중년이 되었고, 넉넉하진 않지만 행복하게 살고 있다고 한다. 신경림 시인은 21세 때 「갈대」라는 시로 등단한 이후, 자청해서 남을 위한 헌사를 붙인 시를 쓴 적은 없다고 한다. 그런 점에서 이 두 편의 시는 그가 '이웃의 한 젊은이'와 '누이'에게 주는 각별한 애정의 증표다. 그렇다, 때로는 결핍이 충족을 완성한다.

관계

아름다운 간격

무엇이든 한 발짝 떨어져서 보자.

그리고 생각하자. 그러면 나무와 숲을 다 볼 수 있다.

사랑하라, 그러나 간격을 두라

너희 함께 태어나 영원히 함께하리라.
죽음의 천사가 너희를 갈라놓을 때까지
신의 계율 속에서도 너희는 늘 함께하리라.
그러나 함께 있으면서도 간격을 둬라.

창공의 바람이 너희 사이에서 춤추게 하라.
서로 사랑하되 그것으로 구속하지는 말라.
너희 영혼의 해안 사이에 물결치는 바다를 놓아두라.
서로의 잔을 채워주되 같은 잔을 마시지 말라.
서로에게 빵을 주되 같은 빵을 먹지 말라.

현악기의 줄들이 같은 화음을 내면서도 혼자이듯이
함께 노래하고 춤추며 즐기되 서로는 혼자 있게 하라.
서로의 가슴을 주되 그 속에 묶어 두지는 말라.

오직 신의 손길만이 너희 가슴을 품을 수 있다.
함께 서 있되 너무 가까이 서 있지는 말라.
사원의 기둥들은 서로 떨어져 서 있고
참나무와 삼나무도 서로의 그늘 속에선 자랄 수 없다.

─칼릴 지브란

칼릴 지브란은 유럽과 미국에서 활동한 레바논의 대표작가로 철학자, 화가, 소설가, 그리고 시인으로도 살았다. 영어 산문시집인 『예언자』와 아랍어 소설 『부러진 날개』로 유명한 그는 이 책들에 직접 삽화를 그리기도 했다. 그중에서도 『예언자』는 인생의 근본적인 문제를 제기하고 답을 찾아나서는 '현대의 성서'라고까지 불린다. 그가 그린 삽화 또한 철학적이고 신비주의적인 감성으로 가득하다. 그는 독신으로 살며 예술 활동에 전념했고, 인류의 평화와 화합, 레바논의 종교적 단합을 호소했다. 그러나 타국살이의 외로움을 술로 달래다가 건강을 망쳤고, 결국 뉴욕의 성 빈센트 병원에서 48세의 나이로 세상을 떠났다.

그의 시 「사랑하라, 그러나 간격을 두라」에는 삶에 대한 깊은 성찰의 메시지가 녹아 있다. '현악기의 줄들이 같은 화음을 내면서도 혼자이듯이' 주체적인 삶을 사는 동시에 '함께 서' 있어야 한다는 섭리를 일깨워준다. 그 가르침의 접점에 있는 가장 중요한 자세는 무엇일까? '그러나 너무 가까이 서 있지는 말라'는 것이다.

그의 시와 함께 안도현의 시 「간격」을 나란히 놓고 읽어보면 더 깊이 있는 성찰이 가능하다.

숲을 멀리서 바라보고 있을 때는 몰랐다

나무와 나무가 모여

어깨와 어깨를 대고

숲을 이루는 줄 알았다

나무와 나무 사이

넓거나 좁은 간격이 있다는 걸

생각하지 못했다

벌어질 대로 최대한 벌어진

한데 붙으면 도저히 안 되는

기어이 떨어져 서 있어야 하는

나무와 나무 사이

그 간격과 간격이 모여
울울창창 숲을 이룬다는 것을
산불이 휩쓸고 지나간
숲에 들어가 보고서야 알았다

19세기 말 레바논에서 태어난 시인의 목소리와 20세기 말 한국에서 태어난 또 다른 시인의 육성이 모두 '영혼의 해안 사이에 물결치는 바다'를 만들고, '간격과 간격이 모여 울울창창 숲을 이룬다는' 아름다운 깨달음을 준다.

두 시인의 작품을 읽으면, 아름다운 간격과 거리의 의미가 새삼 다가온다. 이 지혜로운 거리는 결코 사람과 사람, 나무와 나무 사이에서만 빛나는 것이 아니리라. 수평적인 간격을 넘어 하나의 구체적인 조망의 의미까지 아우르는 것이다.

나 역시 글을 쓸 때면 '나'와 '언어'의 거리를 놓고 무수히 고민한다. 수많은 단어들 중에 어떤 단어를 당겨쓰고 어느 것을 떨어진 자리에 머물게 해야 할지 망설여진다. 어떤 리듬을 택할 것인지, 뉘앙스를 얼마나 살릴지도 마찬가지다. 때로는 단어와 단어 사이에서 며칠을 방황한다. 빛나는 어휘들이 한꺼번에 들이닥칠 때는 내가 휘둘리기도 한다.

그럴 때 자주 쓰는 방책이 있다. 그 말들을 정면에서 마주보는 대신, 그 위로 올라가 내려다보는 것이다. 이른바 조감법(鳥瞰法)인데, 건물의 조감도처럼 넓게 하감(下瞰)하는 것이다. 반대로, 별을 관측하던 첨성대의 '첨(瞻)'처럼 그 말들을 올려다보는 경우도 있다.

생각의 천장으로 올라가라

루벤스 그림 '파리스의 심판'을 떠올려보자. 세 여인을 앞에 두고 누가 가장 아름다운지를 선택해야 하는 '고민남' 파리스의 표정이 재미있다. 여기에는 어떤 사연이 숨어 있는 걸까?

바다의 여신 테티스와 미르미돈의 영웅 펠레우스가 신들을 초청해 성대한 결혼식을 올렸다. 이 결혼식에 초대받지 못한 유일한 이가 있었는데, 바로 불화의 여신 에리스다. 잔뜩 화가 난 에리스는 '가장 아름다운 여신에게'라고 새긴 황금사과를 하객들 사이에 던졌다. 그러자 모든 여신들이 그것을 갖기 위해 다투기 시작했다. 결국 최종 후보로 남은 것은 제우스의 부인 헤라, 전쟁과 지혜의 여신 아테나, 사랑의 여신 아프로디테였다.

심판은 파리스가 맡게 되었다. 세 여신은 파리스를 유혹하기 시작했다. 헤라는 세계의 왕, 아테나는 승리의 지혜, 아프로디테는 가장 아름다운 여자를 주겠다고 했다. 파리스는 아프로디테를 택했고, 세상에서 가장 아름다운 여인 헬레네를 아내로 얻었다. 그러나 헬레네는 스파르타 왕의 여자였고, 그 약속은 결국 트로이 전쟁이라는 크나큰 비극을 낳았다.

루벤스의 그림 속 여신들은 저마다를 상징하는 이미지와 더불어 그 아름다움을 한껏 뽐내고 있다. 화려한 헤라의 발밑에는 공작새가 있고, 아테나 곁에는 방패와 올빼미, 아프로디테의 뒤에는 에로스가 앉아 있다. 그중 누구를 선택해야 할지, 트로이의 버림받은 왕자 파리스는 깊이 고심했을 것이다.

말을 대할 때, 나 역시 마찬가지다. 고민에 고민을 거듭하다가 드디어 이분법적 평면구도에서 빠져나와 입체적인 '생각의 천장'으로 올라간다. 그러고는 어느 하나를 먼저 고르는 대신 덜 긴요한 것들을 하나씩 밀어내는 일에 착수한다. 이처럼 무엇이든 한 발짝 떨어져서 보자. 그리고 생각하자. 그러면 나무와 숲을 다 볼 수 있다.

행복

순간의 의미를 찾는 법

"그토록 많았던 슬픈 저녁들은 잊혀지지만
어느 행복했던 아침은 결코 잊혀지지 않는다."

행복이란 거창한 것이 아니다.

지금, 바로 우리 곁에 있다.

나이

사람들이 가끔 묻는다네.
희끗희끗한 귀밑머리와
이마에 팬 내 주름살을 보고는
나이가 몇이나 되냐고.

그럴 때 난 이렇게 대답하지.
내 나이는 한 시간이라고.
여태까지 살아온 세월을 헤아리고
그 모든 걸 다 합친다 해도 말이야.

아니 뭐라구요?
사람들은 깜짝 놀라면서
또 이렇게 되묻는다네.
그런 셈법을 진짜로 믿으라구요?

그러면 나는 얘기하지.
이 세상에서 제일로 사랑하는 사람이
어느 날 내 품에 살짝 안겨
은밀하게 입을 맞춘 그 순간,

지나온 날들이 아무리 많아도
나는 그 짧은 시간만을
나이로 센다고.
정말 그 황홀한 순간이 내 모든 삶이니까.

―이븐 하즘

아무도 모르는 은밀한 입맞춤처럼 '짧지만 영원한 순간'의 아름다움이 있다. 시인 이븐 하즘은 바로 그 '순간'들이 모여 세월의 지층을 이루고, 그 단면에 새겨진 행복의 나이테가 곧 '내 삶의 모두'가 된다고 말한다.

프랑스 현대문학사에서 가장 인기 있는 시인 자크 프레베르도 「공원」이라는 시에서 이렇게 노래했다.

우주 속의 별
지구 속의 파리
파리의 몽수리 공원에서
겨울 햇빛 속 어느 아침
네가 내게 입 맞춘
내가 네게 입 맞춘
그 영원의 한순간을

다 말하려면

모자라리라

수백만 년 또 수백만 년도

시간과 공간을 무한하게 확대하고 축소할 수 있는, 이 전지전
능한 시인들은 얼마나 행복한가. 이들은 생의 한순간을 이렇듯
아름답게 포착하고 그려낼 수 있는 재능을 선물로 받았다. 게다
가 일시정지 화면처럼 그 '우주 속의 찰나'를 강렬한 이미지로
채색할 수 있다니 더없는 기쁨일 것이다.

행복의 순간들

언젠가 영국의 한 신문사가 '이 세상에서 제일 행복한 사람은
누구인가?'라는 주제로 현상 공모를 했는데, 1등이 해변에서 가
족과 함께 모래성을 쌓고 있는 어린이였다고 한다. 그 다음으로
는 집안일을 마치고 휘파람을 불며 아기를 목욕시키는 사람, 작
품 완성을 눈앞에 두고 붓에 물감을 묻히는 화가, 수술을 성공
적으로 마치고 땀을 닦는 외과의사였다.

바닷가에서 평화롭게 모래성을 쌓는 아이의 표정을 떠올려

보자. 또 쉬는 날 한가롭게 집안 정리를 끝내고 사랑스런 아기를 목욕시키는 사람을 떠올려 보자. 이런 사람에게서 어찌 콧노래나 휘파람이 흘러나오지 않을 수 있겠는가. 모든 정신을 집중해서 작품을 그리고 마지막 화룡점정의 순간을 앞에 둔 화가, 어려운 수술을 무사히 끝내고 안도의 한숨을 내쉬며 땀방울을 훔치는 의사의 마음, 이 모두가 그 자체로 행복의 절정일 것이다.

장 가방은 이렇게 말했다.

"그토록 많았던 슬픈 저녁들은 잊혀지지만 어느 행복했던 아침은 결코 잊혀지지 않는다."

행복이란 거창한 것이 아니다

'아버지의 한 시간'이라는 이야기도 가슴을 뭉클하게 한다.

저녁 늦게 피곤한 얼굴로 퇴근한 아버지에게 다섯 살 난 아들이 물었다.

"아빠는 한 시간에 얼마 벌어요?"

"그건 네가 상관할 문제가 아니란다. 왜 그런 걸 물어보는 거지?"

"그냥 알고 싶어서요. 말해주세요, 네?"

"네가 정 알아야겠다면……, 한 시간에 20달러란다."

"아…….."

아들은 잠시 고개를 숙였다가 다시 아버지를 올려다보며 말했다.

"아빠, 10달러만 빌려주실 수 있어요?"

아버지는 귀찮은 듯 말했다.

"뭘 하려고 그러니? 혹시 장난감이나 살 생각이라면 방에 가서 잠이나 자거라."

아들은 말없이 방으로 가서 가만히 문을 닫았다. 아버지는 어린 아들에게 너무 심했던 게 아닐까 싶었했다.

'10달러로 꼭 사야 할 뭔가가 있었겠군. 게다가 평소에 용돈을 달라고 떼쓰던 녀석도 아니니까.'

아버지는 아들 방으로 가서 문을 열었다.

"자니?"

"아니요, 아빠……."

"아빠가 좀 심했던 거 같구나. 오늘은 좀 힘든 일들이 많아서 그랬던 것 같다. 자, 여기 네가 달라고 했던 10달러다."

아들은 벌떡 일어나서 미소를 짓고는 "고마워요, 아빠!" 하고 소리쳤다. 그러더니 베개 아래에서 꼬깃꼬깃한 지폐 몇 장을 더 꺼냈다. 천천히 돈을 세더니 아버지를 쳐다보며 말했다.

"아빠, 이제 20달러가 됐어요. 제가 아빠의 한 시간을 사도 될까요? 내일은 조금만 일찍 집에 와주세요, 네? 아빠랑 저녁을 같이 먹고 싶어요."

이 얘기는 행복의 의미에 대해 많은 것을 생각하도록 만든다. 사실 행복이란 거창한 것이 아니다. 행복은 지금, 바로 여기 우리 곁에 있다. 그런데도 우리는 '행복의 파랑새'를 찾아 먼 곳을 떠돈다.

수많은 사람들이 덧보태 쓴 인터넷 시 「우리 시대의 역설」에 나오는 구절처럼 많은 이들이 '인생을 사는 시간은 늘어났지만 시간 속에 삶의 의미를 넣는 법은 잊어버리고' 있다. 더 빨라진 고속철도, 늘어만 가는 광고 전단, 쾌락을 위한 놀이거리는 훨씬 많아졌지만 정작 행복은 찾기 힘들어졌다. 그러는 동안에도 시간은 계속 흘러간다.

지금 이 순간 바로 여기

시인 하우스먼은 세월의 단면을 잘라 인생의 봄을 보여준다. 그
것도 꽃다운 스무 살 젊은이의 관점을 통해 얘기한다.

> 내 칠십 인생에서 이제
> 스무 해는 다시 오지 않으리.
> 일흔 봄에서 스물을 빼면
> 고작해야 쉰 번이 남는구나.

그러면서 그는 "만발한 꽃들을 바라보기에 / 쉰 번의 봄은 많
은 게 아니니 / 나는 숲 속으로 가리라 / 눈같이 활짝 핀 벚나무
보러"라고 노래한다.

정신과 의사 프랑수아 를로르(Francois Lelord)가 『꾸뻬 씨의
행복 여행』에서 보여준 가르침도 바로 '이 순간의 소중함'이다.
"진정한 행복은 먼 훗날 달성해야 할 목표가 아니라 지금 이
순간 존재하는 것입니다. 인간의 마음은 행복을 찾아 늘 과거나
미래로 달려가지요. 그렇기 때문에 현재의 자신을 불행하게 여

기는 것입니다. 행복은 미래의 목표가 아니라 오히려 현재의 선택이라고 할 수 있지요. 지금 이 순간 당신이 행복하기로 선택한다면 당신은 얼마든지 행복할 수 있습니다. 그런데 안타까운 것은 대부분의 사람들이 행복을 목표로 삼으면서도 지금 이 순간 행복해야 한다는 사실을 잊는다는 겁니다."

행복에 대한 그의 지침은 얼핏 너무 평범하게 들릴지도 모른다. 하지만 그 평범이야말로 가장 비범한 발견이다.

행복은 알려지지 않은 아름다운 산 속을 걷는 것이다.

행복은 좋아하는 사람과 함께 있는 것이다.

행복은 좋아하는 일을 하는 것이다.

행복은 집과 채소밭을 갖는 것이다.

자신이 다른 사람들에게 쓸모가 있다고 느끼는 것이다.

사랑하는 사람의 행복을 생각하는 것이다.

다른 사람의 행복에 관심을 갖는 것이다.

아름다움의 비결

매력적인 입술을 갖고 싶다면 친절한 말을 하라.

사랑스런 눈을 갖고 싶다면 다른 사람의 좋은 점을 발견하라.

날씬한 몸매를 원하거든 굶주린 사람들과 음식을 나누어라.

아름다운 머리를 갖고 싶다면 하루 한번 아이의 손으로

쓰다듬게 하라.

멋진 자태를 원한다면 결코 혼자 걷는 게 아님을 명심하라.

사물이야 말할 것도 없고 사람은 늘

회복되고 새로워지고 되살아나고 개선되며

다시 채워져야 하느니

그 누구도 외면해선 안 된다.

기억하라. 도움의 손길이 필요할 때
바로 그것이 네 손끝에 있다는 것을.
나이가 들면서 알게 될 것이다. 손이 왜 두 개인지.

여자의 아름다움은 옷이나 생김새, 머리 모양이 아니라
눈에서 나온다. 눈은 사랑스러운 마음의 문.
진정한 아름다움은 얼굴의 매력이 아니라
영혼에서 반사된다. 그것은 온화한 손길과 뜨거운 열정.
그래서 여자의 아름다움은 나이와 함께 원숙해진다.

―샘 레븐슨

* 오드리 햅번이 죽기 1년 전 아들에게 읽어주었던 시

KI신서 6649

시 읽는 CEO,
처음 시작하는 이에게

시에서 배우는 24가지 자기창조의 지혜

1판 1쇄 발행 2016년 7월 20일
1판 3쇄 발행 2019년 11월 25일

지은이 고두현
펴낸이 김영곤 **펴낸곳** ㈜북이십일 21세기북스
출판사업본부장 정지은
디자인 씨디자인: 조혁준 함지은 조정은 김하얀
마케팅팀 배상현 김윤희 이현진
출판영업팀 한충희 오서영 윤승환
제작팀 이영민 권경민

출판등록 2000년 5월 6일 제406-2003-061호
주소 (우 10881) 경기도 파주시 회동길 201(문발동)
대표전화 031-955-2100 **팩스** 031-955-2151
이메일 book21@book21.co.kr

ISBN 978-89-509-6596-9 03320

(주)북이십일 경계를 허무는 콘텐츠 리더

21세기북스 채널에서 도서 정보와 다양한 영상자료, 이벤트를 만나세요!
장강명, 요조가 진행하는 팟캐스트 말랑한 책 수다 〈책, 이게 뭐라고〉
페이스북 facebook.com/jiinpill21 **포스트** post.naver.com/21c_editors
인스타그램 instagram.com/jiinpill21 **홈페이지** www.book21.com
유튜브 www.youtube.com/book21pub

서울대 가지 않아도 들을 수 있는 명강의! 〈서가명강〉
네이버 오디오클립, 팟빵, 팟캐스트, 유튜브에서 '서가명강'을 검색해보세요!

책값은 뒤표지에 있습니다.